Die Friedensgebete von Assisi

DIE FRIEDENSGEBETE VON ASSISI

Einleitung
von Franz Kardinal König

Kommentar
von Hans Waldenfels

Herder
Freiburg · Basel · Wien

Deutsche Übersetzung
der Friedensgebete der Weltreligionen
(In Prayer for Peace)
von P. Dr. Radbert Kohlhaas OSB

Umschlagfoto: KNA-Bild

Satz: F. X. Stückle, Ettenheim
Druck und Einband: Freiburger Graphische Betriebe 1987
ISBN 3-451-20989-6

Einleitung

von Franz Kardinal König

Der bekannte Kernphysiker an der Wiener Universität, Professor Higatsberger, Experte für Energie und Strahlenphysik, teilte mir kurz vor dem Ereignis von Assisi mit: Es gibt in Ost und West ein Bombenarsenal – das ist den Fachleuten bekannt und in Fachzeitschriften belegt –, in dem rund 50000 Bomben lagern, das sind in der Summe 12 Milliarden Tonnen der herkömmlichen militärischen Sprengkraft. Sie reicht aus, um mehr als fünfzigmal Erde und Menschheit zu vernichten. (Vgl. dazu die 1986 erschienenen beiden Bände von Scope 28 „Environment consequences of Nuclear War".)

Die Gespräche über Langstrecken- und Mittelstreckenbomber, ihre Stationierung und ähnliches sind auf diesem Hintergrund eine Alibihandlung angesichts der viel größeren Gefahr noch dazu durch das vorhandene Plutonium. Die tödliche Dosis des Plutoniums liegt für den Menschen bereits im Mikrogramm-Bereich. Alle Bombentypen verwenden nach dem Prinzip der Wasserstoff-Fusion oder der Spalterreaktion Plutonium. Von diesem höchst gefährlichen Blutgift gibt es weltweit mehrere Millionen Kilogramm. Dazu beträgt die Halbwertzeit dieses Materials rund 24000 Jahre. Hier liegen die akutesten und unmittelbarsten Gefahren.

Ein technisches, menschliches Versagen, die Rache eines Terroristen oder auch die verzweifelte Situation eines kleineren Staates können Anlaß zur Vernichtung der Menschheit werden. Sie liegt im Bereich der unmittelbaren Möglichkeiten.

Nicht ohne innere Erregung habe ich daher die Ankündigung, die Vorbereitung und das Ereignis von Assisi am 27. Oktober 1986 mitverfolgt. Denn dort kam die Sorge um den Frieden unter den Völkern in einer neuen, bisher nicht gekannten Form zum Ausdruck. Bei der Begegnung von Vertretern der monotheistischen Religionen, der Christen mit Juden und Muslimen, und von Buddhisten und Hindus mit Vertretern der Religionen aus dem indischen und afro-asiatischen Raum – in Assisi, wo Franziskus am 3. Oktober 1226 starb, eingeladen durch das Oberhaupt der katholischen Christenheit – wollten die Vertreter der verschiedenen Religionen nicht miteinander sprechen, diskutieren und gemeinsame Erklärungen abgeben, sondern schlicht und einfach miteinander beten. Das heißt, die einzelnen Religionsgemeinschaften haben für sich Gebete gewählt und gesprochen, ohne damit eine Gebetssynthese oder eine gemeinsame Gebetsbasis ins Auge zu fassen.

Weltkongresse anderer Art hat es früher schon gegeben. So hatte bereits im Jahre 1921 der deutsche Religionshistoriker Rudolf Otto einen „Religiösen Menschheitsbund“ begründet, um dadurch im Falle einer Kriegsgefahr das Weltgewissen zu mobilisieren. Vor Beginn des letzten Weltkrieges sprach Friedrich Heiler auf einem Kongreß des „Weltbundes der Religionen“ über die Einheit und Zusammenarbeit aller Religionen. Dabei war nicht von Gebet die Rede, sondern von Aktionen, die nationale Gegensätze überbrücken sollten. Ähnliche Versuche sind von Indien und Amerika ausgegangen. Das Bestreben solcher Weltkongresse ging dahin, eine Art „Föderation der Religionen“ zu erreichen. Im Jahre 1954 wurde in Japan ein Weltkongreß der Religionen einberufen, um dem Weltfrieden durch die Zusammenarbeit der Religionen zu dienen. Die offizielle Parole lautete: „On the Foundation of a World Peace through Religion“. In Amerika versuchte man in den fünfziger Jahren durch ähnliche Kongresse das liberale Christentum mit der Religionsfreiheit in Verbindung zu bringen, um zu zeigen, wie sehr die Weltreligionen ein bedeutsamer internationaler Faktor sind im Interesse eines friedlichen Zusammenlebens.

Das Zweite Vatikanische Konzil (1962–1965) veröffentlichte eine „Erklärung über das Verhältnis zu den nichtchristlichen Religionen" (1965). Die Gründung eines Sekretariates für nichtchristliche Religionen während des Zweiten Vatikanums hatte die Aufgabe, den Dialog mit den nichtchristlichen Religionen und so mit allen Religionen zu fördern. Der Erzbischof von Canterbury beauftragte die Lambeth Conference 1968 im Bereich der anglikanischen Kirche zu überlegen, wie Verbindungen und Gespräche aufgenommen werden könnten mit dem Papst, dem Ökumenischen Patriarchen der orthodoxen Kirchen, dem Ökumenischen Weltrat der Kirchen in Genf und mit den nichtchristlichen Religionen. Die Absicht solcher Gespräche sollte sein, dem Frieden in der Welt in Verbindung mit den großen Religionen zu dienen. Kalkutta hat im gleichen Jahr mehrere größere und kleinere Religionen zu einem Gespräch geladen im „Dienste an einer besseren Welt". 1970 lud der Ökumenische Weltrat der Kirchen Vertreter der Christen, Muslime, Buddhisten und Hindus zu einer Konferenz in der Nähe von Beirut ein, um über gegenseitige Kontakte der Religionen im Sinne des Friedens zu sprechen. Sogenannte Friedenskonferenzen sind seit jener Zeit im fernöstlichen, japanischen, amerikanischen und auch im europäischen Bereich an der Tagesordnung. Eine ähnliche Konferenz in Löwen 1974 beschließt folgenden Text: „Indem jeder von uns sich hinwendet zu Gebet und Meditationen, streben wir nach einer Bekehrung des Herzens, um den Geist des Opfers, der Demut und der Selbstbeherrschung zu erlangen, der Gerechtigkeit, Befreiung und Frieden fördert."

Ein neuer Weg wurde in Assisi eingeschlagen. Das Motiv ist ungefähr das gleiche geblieben, das zu Zusammenkünften ähnlicher Art schon früher geführt hat. Es war nur dringend und drängender geworden angesichts der weiter steigenden Waffenrüstung, der zunehmenden Kraft und Reichweite der Zerstörung mit immer neuen technischen

Erfindungen. Gleichzeitig steigern sich gegenseitiges Mißtrauen und Angst der einzelnen Staaten oder Staatenverbände, nicht entsprechend gerüstet zu sein. Die Abrüstungsgespräche bleiben gegenüber dem Wettlauf moderner Waffen, der wachsenden Furcht vor dem nuklearen Selbstmord der Menschheit hilflos. Assisi scheint im Vergleich zu früheren Kongressen deshalb Aufsehen erregt zu haben, weil die Art der Einladung, das Drängen von seiten der katholischen Kirche und das Gebet als einziges Tagesthema neu waren.

Wer Gelegenheit hatte, nach diesem Welttag des Gebetes Kommentare zu lesen, die in Zeitungen und Zeitschriften erschienen sind, die sonst vom Christentum und der katholischen Kirche nichts Gutes zu berichten hatten, war erstaunt, daß weltweit von „echter Ergriffenheit“ die Rede war. Man erinnerte sich jetzt auf einmal daran, daß der Papst bereits zu Beginn des Jahres bei seinem Besuch in Indien von Mahatma Gandhi sprach, dessen Leben der Gewaltlosigkeit weltweit nachwirkt. Damals betonte er, daß die katholische Kirche „anderen Religionen gegenüber von echtem Respekt getragen sei“.

Ein Teil der Medien hat in der Zeit der unmittelbaren Vorbereitung des Tages von Assisi die Vorgänge eher mit einer gewissen Skepsis und Zurückhaltung registriert. Auf der anderen Seite aber wird immer deutlicher, daß die Weltpolitik mit ihrem defensiven Denken sich angesichts eines wachsenden weltweiten Mißtrauens in einer ausweglosen Situation befindet. Das Wissen um eine Schicksalsgemeinschaft des Menschengeschlechtes wird heute durch Kommunikation, Wissenschaft und Verkehr deutlicher erkannt als früher. Die Gegensätze der Ideologien, der großen Politik, der Blockbildungen, die wirtschaftlichen Interessen sind aber so gelagert, daß sie auf dieser universalen Ebene einer solchen Einheit zuwiderlaufen.

Der Papst als Oberhaupt der katholischen Kirche, das Zeichen der Einheit der katholischen Christenheit, hat als

Förderer ökumenischer Bemühungen unter den Christen in den früheren Jahren immer wieder versucht, die Kraft der Religion durch seine Appelle und Reisen für den Frieden einzusetzen. Die Begegnung in Assisi aber wollte mehr; sie wollte, daß die Vertreter der großen Religionsgemeinschaften der Erde nichts anderes täten, als miteinander oder getrennt zu beten. Die Ahnung von einer in der Menschennatur vorhandenen Gemeinsamkeit aktiviert sich durch das Gebet als eine neue Brücke besonderer Art.

Sosehr menschliche Irrungen und Mißbräuche auch diesen Aspekt menschlichen Suchens und Sehnens, Fragens und Hörens, und damit auch den Bereich des Gebetes ins Abseits drängen können, sosehr magische Vorstellungen, Macht und Politik, Fanatismus und Intoleranz bis hin zu Religionskriegen den *homo religiosus* in eine hilflose Defensive gedrängt haben und drängen können, sosehr ein pervertiertes Welt- und Menschenbild bis in die Bereiche der Psychologie, der Soziologie und der Geschichtswissenschaft Mißverständnisse aufhäufen können – so sehr haben sich plötzlich doch neue Einsichten aufgetan, kehren verdrängte Fragen und Antworten wieder zurück, wie sie uns die Religionsgeschichte und die vergleichende Religionswissenschaft des 19. und 20. Jahrhunderts bis zu M. Eliade in steigender Materialfülle aufgezeigt haben. Das Ereignis von Assisi hat eine Vielzahl religionsgeschichtlicher, rationalistischer und theoretischer Diskussionen um Methoden, Interpretationen und Fragestellungen der Religionswissenschaft aus der zweiten Hälfte des 19. und der ersten Hälfte des 20. Jahrhunderts fast wortlos zur Seite geschoben – mit dem Hinweis auf die Grundlage einer jeden Religion, auf das Gebet. Es hat damit neue geistige Kräfte einer an sich selbst verzweifelnden Menschheit bewußtzumachen versucht. Namen wie J. von Görres, Schelling, F. M. Müller, N. Söderblom, R. Otto und G. van der Leeuw tauchen vor den Augen des Fachmannes als Wegbereiter neuerer Erkenntnisse auf. Der *homo religiosus,* in das Dickicht einer emotionellen Weltsicht verbannt, wird nach M. Eliade zum Künder und Deuter des *sacrum,* einer der bloßen *ratio* nicht ganz zugänglichen Welt. So betrachtet, erscheint heute der Mensch in seiner Geschichtlichkeit, in seiner nur der wissenschaftlichen Analyse erschlossenen Existenz doch ergänzungsbedürftig in Richtung auf eine transzendente, transhistorische Dimension hin.

Auch in diesem Zusammenhang ist der Tag von Assisi als ein Tag des Menschen zu sehen, der auf der Suche ist nach dem Heiligen und Transzendenten – inmitten aller Verzerrungen durch krankhafte Veranlagung, Zwangsvorstellungen, falsche Schuldgefühle, verschiedene Formen des Aberglaubens, des Fanatismus und der Rechthaberei. Auch vor einem solchen Hintergrund bleibt das Ahnen, es müsse etwas geben, das – trotz der Gegensätze, allen Hasses und aller Feindschaft – von Einheit sprechen und hoffen läßt, das neue Wege andeutet jenseits der Ebene, auf der wir nur Mißtrauen bis zum nuklearen Selbstmord der Menschen erkennen. Gerechtigkeit und Friede als Zeichen einer möglichen Einheit führen zu notwendigen Überlegungen angesichts der furchtbaren Katastrophe, des Abgrundes, vor dem alle Völker, die ganze Menschheit steht.

Der Friede ist nicht so sehr eine Sache des Dialogs, der Diskussion, der Organisation, sondern vor allem eine Sache der Reform der Gesinnung, des Herzens, eine Sache neuer menschlicher und gesellschaftlicher Werte, die im Religiösen wurzeln und durch das Gebet erkannt werden. Ihre theoretische Anerkennung allein genügt nicht. Gottes- und Nächstenliebe können das Verhalten der Menschen zueinander verändern. Franz von Assisi ist mit seiner Fernwirkung ein lebendiges Beispiel dafür. In diesem Zusammenhang finden wir als Christen bereits in der Bibel einen klaren Hinweis: „Was immer wahrhaft, edel, recht, was lauter, liebenswert, ansprechend ist, was Tugend heißt und lobenswert ist, darauf seid bedacht! … Das tut! Und der Gott des Friedens wird mit euch sein“ (Phil 4,8).

Aber eine solche innere Ordnung wächst nicht aus dem Wurzelgrund des guten Menschen, sondern dort, wo Religion Ausdruck und Hinweis ist auf die Verbindung zwischen Gott und Menschen. Das Gottesbild, die Gottesvorstellung beeinflussen wesentlich das Gebet. Neben der Opferhandlung ist das Gebet Zeichen und Fundament eines religiösen Menschen. Erst im Gebet entfaltet sich die Religion des Menschen. Je vollkommener und irrtumsfreier Religion ist, desto mehr strahlt es aus und verlangt es eine innere und äußere Ordnung des Friedens und der Versöhnung. Wenn ich gefragt werde, was die Grundlage persönlichen Glaubens und religiösen Lebens ist, so kann die Antwort nur lauten: Es ist das persönliche Gebet. Es geht dabei nicht nur um die Anerkennung, sondern um die Verehrung Gottes und die innere Bereitschaft, seine Gebote zu befolgen. Das Gebet ist der Gradmesser persönlichen Glaubens und persönlicher Religiosität. Ein Mensch, der nicht betet, hat im Grunde keine Religion.

Im Gebet spiegelt sich die Gottesvorstellung. In den Religionen der Menschheit läßt sich das menschliche Sehnen erkennen, Verbindung aufzunehmen mit einer Welt des Unvergänglichen, mit dem Reich der Gottheit, das Frieden und Geborgenheit schenkt. Im Gebet öffnet sich der Beter einzeln oder in Gemeinschaft einer anderen Wirklichkeit, einem sonst nicht zugänglichen Erfahrungsbereich. Gott antwortet dem Beter und schenkt ihm etwas, das sein Leben ändern kann.

Dem Christen wird dies noch deutlicher in einer Stelle beim Evangelisten Lukas: „Darum sage ich euch: Bittet, dann wird euch gegeben; sucht, dann werdet ihr finden; klopft an, dann wird euch geöffnet ... Wenn nun schon ihr, die ihr böse seid, euren Kindern gebt, was gut ist, wieviel mehr wird der Vater im Himmel den Heiligen Geist denen geben, die ihn bitten" (11,9). Oder bei Markus heißt es: „Darum sage ich euch: Alles, worum ihr betet und bittet – glaubt nur, daß ihr es schon erhalten habt, dann wird es euch zuteil“ (11,24).

Wenn ich nicht das Gebet, sondern Religion als Ausdruck der Kultur, als geschichtlichen und nationalen Kult mit historischen Formenbildungen in den Vordergrund rücke, so kann es leicht Mißverständnisse, Rivalitäten, ja sogar Kämpfe geben. Wenn ich das Gebet in das Zentrum rücke, können Mißverständnisse und Rivalitäten kaum aufkommen. Das Gebet ist Fundament und Grundlage der Religion, ordnet auf Gott hin und sein Reich. Das aber ist ein Reich der Wahrheit und des Lebens, der Gerechtigkeit, der Liebe und des Friedens. Assisi mit dem Gebet der religiösen Menschen aus allen Teilen der Welt im Zentrum ist richtungweisend und als neuer Anfang einem friedlichen Verstehen unter den Völkern nähergekommen. Hier ist ein neuer Weg eingeschlagen, verschieden von der Arena der Weltpolitik. Dieser Weg führt zu einer Änderung der Gesinnung und des Herzens. Es ist ein neuer Weg menschlicher Möglichkeiten, der fortgesetzt werden muß.

Wien, am Weltfriedenstag 1987

(Franz Kardinal König)

Inhalt

Zusammensein, um für den Frieden zu beten

Alle Teilnehmer haben sich auf dem unteren Vorplatz der Basilika des heiligen Franz von Assisi versammelt. Der Chor singt den Eingangsvers „Da pacem – Gib Frieden“ (vgl. Sir 36,18.21 f.).

Herr, gib Frieden denen, die auf dich hoffen,
und erweise deine Propheten als zuverlässig.
Erhöre das Gebet deiner Diener und deines Volkes,
das du dir zu eigen gemacht hast.

Einführung

Der Vorsitzende der Päpstlichen Kommission „Iustitia et Pax", Roger Kardinal Etchegaray, erläutert kurz den bisherigen Verlauf des Gebetstages und die Bedeutung des gemeinsamen Betens:

Wir haben nach unseren je eigenen Religionen getrennt an verschiedenen Punkten der Stadt gebetet (vgl. S. 77f) und uns jetzt auf dem Platz vor der Basilika des heiligen Franz von Assisi zur Schlußfeier des Weltgebetstages für den Frieden versammelt, zu dem Papst Johannes Paul II. aufgerufen hat.

Wir sind wirklich hier versammelt, um zu beten, aus keinem anderen Grund, nur um zu beten.

Wir sind als Vertreter vieler Religionen aus allen Teilen der Welt gekommen und finden uns in voller Übereinstimmung mit unseren eigenen Religionen zusammen im vollen Bewußtsein dessen, was wir auf Grund unseres jeweiligen Glaubensbekenntnisses sind. Wir sind hier versammelt, ohne auch nur im geringsten Grenzen zu verwischen. Das macht die Tiefe und den Wert unseres gemeinsamen Betens aus.

Jede der Religionen, zu der wir uns bekennen, zählt den inneren Frieden und den Frieden unter den einzelnen Menschen wie den Völkern zu ihren Zielen. Jede von ihnen strebt dieses Ziel auf ihre eigene, unverwechselbare und durch nichts zu ersetzende Weise an. Aber alle bekennen sich verbindlich zum Frieden, und alle fordern ihre Anhänger auf, durch innere Umgestaltung ihrer selbst, durch den Geist der Versöhnung, den Dienst an der Gerechtigkeit und vor allem durch Gebet und Meditation den Frieden zu suchen. Wenn wir jetzt nacheinander, hier auf dem Platz versammelt, unsere Gebete sprechen, sollte das aller Welt und auch jedem von uns bekunden, wie sehr wir, jeder als das, was er ist, dazu berufen sind, um das große Gut des Friedens zu beten und für ihn zu wirken.

Dadurch werden keine Unterschiede aufgehoben; wir stehen vielmehr für sie ein, wenn wir erneut entdecken, wie sehr nicht nur unser eigenes Glaubensbekenntnis, sondern auch das der anderen, ein Weg zum Frieden ist.

Wir wollen uns daher nun in Gegenwart der Gottheit vorbereiten, unser je eigenes Bittgebet zu sprechen, unsere eigenen Fehler zuzugeben und uns wieder zum Frieden zu bekennen. Die Welt erwartet dieses Zeugnis von allen Religionen, und jeder von uns ist zu ihm aufgerufen, da wir uns alle ohne Unterschied in dem Dilemma befinden, in dem es um Leben oder Tod geht.

Die Gebete
der Weltreligionen

Die Vertreter der Weltreligionen sprechen vor der ganzen Versammlung ihre Gebete. Den Gebeten folgt jeweils eine Besinnungspause.

Friedensgebet der Buddhisten

Aus dem Zueignungskapitel der „Lebensregel für den Bodhisattva“ des buddhistischen Heiligen und Gelehrten Shantideva aus dem 8. Jahrhundert.

Kraft dieses Versuches,
den Weg zur Erleuchtung einzuschlagen,
möge alles, was da lebt, dazu kommen,
diesen Wandel zu vollziehen.

Mögen alle Wesen, wo auch immer,
die an Leib und Seele von Leid geplagt sind,
kraft meiner Verdienste
ein Meer von Glückseligkeit erlangen.

Möge ihr Glück (in dieser Welt),
solange sie im Kreislauf des Daseins bleiben,
nie abnehmen,
und mögen sie alle ohne Unterlaß
von den Bodhisattvas
Wogen der Freude empfangen.

Möge Wärme finden, wer vor Kälte vergeht,
und mögen die, die vor Hitze schmachten,
sich kühlen in den nie versiegenden Wassern,
die sich aus den großen Wolken (der Verdienste)
des Bodhisattva ergießen.

Mögen alle Tiere frei sein von der Furcht,
voneinander gefressen zu werden;
mögen die hungrigen Geister so glücklich sein
wie die Menschen auf dem Kontinent des Nordens.

Mögen die Blinden Gestalten erblicken,
die Tauben Laute hören,
und mögen die Schwangeren, ganz wie Mayadevi
(Buddhas Mutter), schmerzlos gebären.

Mögen die Nackten Kleidung finden
und Brot die Hungrigen;
mögen die Verlassenen wieder Hoffnung schöpfen,
Glück und Wohlergehen ohne Ende.

Mögen alle, die sich krank und elend fühlen,
schnell von ihren Leiden erlöst werden,
und möge keine Krankheit
mehr auftreten in der Welt.

Möge, wer vor Schrecken zittert,
seine Furcht vergessen,
und wer in Banden liegt, sich frei erheben;
mögen die Ohnmächtigen erstarken
und die Menschen darauf sinnen,
einander freund zu werden.

Mögen alle Reisenden ihr Glück machen
auf all ihren Wegen
und mühelos erreichen,
wozu sie ausgezogen sind.

Mögen alle, die zu Schiff
oder mit dem Boot unterwegs sind,
zum Ziel ihrer Wünsche gelangen
und nach glücklicher Heimkehr
ein frohes Wiedersehen mit den Ihren feiern.

Mögen fehlgegangene Wanderer in ihrer Not
Weggefährten finden

und ohne Bangen vor Räubern und Tigern
leichten Fußes dahinziehen.

Mögen alle, die sich ohne Weg und Steg
den Schrecken der Wildnis ausgesetzt sehen,
Kinder, Greise und Schutzbedürftige,
Berauschte und Wahnsinnige
den gütigen Schutz der Himmelsgeister finden.

Mögen Schwangere schmerzlos gebären
ganz wie des Weltalls Schatzhaus
und ohne Streit und Schaden
(die sich daraus ergeben können)
daran ihre Freude haben, ganz nach Wunsch.

Mögen alle Geschöpfe, die in einem Leibe weilen,
unaufhörlich den Klang des Dharma hören,
der Vögeln und Bäumen entströmt,
Strahlen des Lichts und sogar das All.

Mögen die Himmlischen
Regen bringen zur rechten Zeit,
damit die Ernten gesegnet sind.
Mögen Könige nach dem Dharma handeln
und die Völker der Erde immer blühen.

Möge kein Lebewesen jemals leiden,
Böses tun oder erkranken:
möge niemand in Furcht geraten
oder herablassend behandelt werden
oder niedergeschlagenen Herzens sein.

Mögen die Wesen, die da sind,
vor dem Elend der Unterwelt verschont bleiben
und niemals Mühsal kosten;

mögen sie in einer Gestalt,
die der der Götter überlegen ist,
schnell zum Buddha-Sein gelangen.

Solange das Weltall Bestand hat
und solange es noch Lebewesen gibt,
so lange darf auch ich es auf mich nehmen,
das Elend der Welt abzuwenden.

Möge alles, was die Lebewesen schmerzt,
(nur) auf mir sich voll entfalten,
und möge alles, was da lebt,
durch Bodhisattva Sanghas Macht
Glückseligkeit verspüren.

Friedensgebet der Hindus

I. Gebete aus den Upanischaden

Möge Gott uns schützen, möge er uns ernähren. Mögen wir tatkräftig zusammenarbeiten. Möge unser Trachten zum Erfolg führen. Mögen wir einander lieben und in Frieden leben.

Friede, Friede, Friede mit allen.

Seid einig; sprecht im Einklang; laßt uns zur gleichen Auffassung gelangen. Unsere Versammlung soll einmütig enden. Unsere Entschließung soll einmütig sein; unsere Beratungen sollen einträchtig sein. All unseren Mitgeschöpfen wollen wir mit derselben Einstellung begegnen. Unsere Herzen sollen eins sein. Vollkommen sei unsere Einmütigkeit für den Frieden.

Friede, Friede, Friede mit allen.

Mögen wir mit unseren Ohren hören, was Glück verheißt. Mögen wir mit unseren Augen sehen, was Glück verheißt. Mögen wir die Ehre Gottes singen und ein langes Leben in Gesundheit führen.

Friede, Friede, Friede mit allen.

O Gott, führe uns vom Unwirklichen zum Wirklichen.
O Gott, führe uns aus der Finsternis zum Licht.
O Gott, führe uns vom Tod zur Unsterblichkeit.

Friede, Friede, Friede mit allen.

II. Gebet um Frieden

Friede soll herrschen im Himmel; Friede am Himmelszelt und auf Erden; Friede in den Wassern; Friede in den Kräutern und Pflanzen; Friede auf allen Göttern; Friede mit allen Wesen.

Friede, Friede, Friede mit allen.

III. Antwortruf der Versammlung

Friede, Friede, Friede mit allen.

IV. Bekenntnis zum Frieden

Wir bekennen uns dazu, in gemeinsamem Bemühen mit allen Religionen auf der Welt eine Ordnung der Gerechtigkeit und des Friedens aufzurichten.

Wir, die Vertreter der hier versammelten Religionsgemeinschaften, beten zu Gott um gegenseitige Gerechtigkeit unter den Menschen durch unser aller Einsatz und beten auch um Liebe und Frieden unter den Völkern.

Vedische Hymnen

Möge der allmächtige Gott, der Freund aller, für unseren Frieden sein. Möge der göttliche Richter unser Friedensbringer sein. Möge der höchste Lenker des Alls uns Frieden gewähren. Möge der Herr aller Macht und Fülle, der alles, was groß ist, besitzt, für unseren Frieden sein. Möge der allgegenwärtige Gott in seiner unergründlichen Macht uns den Frieden schenken.

O Herr, allmächtiger Gott, laß Frieden herrschen in den himmlischen Sphären. Laß Frieden herrschen auf Erden. Laß die Wasser Ruhe bringen. Laß die Kräuter heilsam sein und Bäume und Pflanzen allen zum Frieden gereichen. Mögen alle nützlichen Wesen uns Frieden bringen. Möge dein vedisches Gesetz überall in der Welt Frieden stiften. Mögen alle Dinge für uns ein Quell des Friedens sein, und laß deinen eigenen Frieden alle mit Frieden erfüllen, und möge dieser Friede auch zu mir gelangen.

Friedensgebet der Jainas

1. Verneigung vor den Reinsten,
Verneigung vor denen,
die ganz frei geworden sind,
Verneigung vor den Meistern,
Verneigung vor den Lehrern der Frömmigkeit,
Verneigung vor den Asketen der ganzen Welt.

2. Friede und Brudereinheit des Alls
ist der Kern der Heilsbotschaft,
die von allen Erleuchteten der Vergangenheit
und auch der Zukunft verkündet wird.

3. „Tu keinem Wesen Gewalt an!"
Das ist der ewige, alles überdauernde und unabänderliche Weg des (geistlichen) Lebens.

4. Wer der Gewalt ergeben ist, den schützt kein noch so großer Reichtum in diesem oder dem nächsten Leben.

5. Der Herr hat verkündet, daß das Dharma Gleichmut ist.

6. Allen Geschöpfen vergebe ich,
laß auch mir alle Geschöpfe vergeben,
allen bin ich zugetan,
und keinem bin ich feind.

7. Friedensbringer für die Welt
ist Shanti (natha), der Herr,
der die höchste Stufe erreicht hat.

8. Furcht sucht den heim,
der vom Schwert lebt.

9. Der, den du schlagen willst,
ist wirklich niemand anders als du selbst.
Der, den du beherrschen willst,
ist wirklich niemand anders als du selbst.
Der, den du quälen willst,
ist wirklich niemand anders als du selbst.
Der, den du versklaven willst,
ist wirklich niemand anders als du selbst.
Der, den du töten willst,
ist wirklich niemand anders als du selbst.

10. Wisse, daß die Gewalt die Wurzel
alles Elends in der Welt ist.

11. Alle Wesen möchten leben,
keines möchte sterben;
es ist daher entsetzlich, wenn man tötet.
Wer an den Frieden glaubt,
sollte es nie versuchen.

12. Eine Waffe mag noch so gewaltig sein,
sie kann immer noch
von einer überlegeneren verdrängt werden;
doch keine Waffe kann
der Gewaltlosigkeit überlegen sein.

13. Die Gewalt ist eigentlich die Fessel,
die versklavt,
sie ist eigentlich Betrug,
sie ist eigentlich Tod,
sie ist eigentlich die Hölle.

14. Möge der Herr, der Höchste im All,
uns gnädig Gesundheit und Erleuchtung
gewähren und höchste Glückseligkeit (Frieden).

Islamisches Friedensgebet

Das islamische Gebet ist ganz dem Koran, dem heiligen Buch des Islam, entnommen. Es beginnt mit der Fatiha, der Eröffnungs-Sure des Koran, die alle anwesenden Muslime arabisch vorgetragen haben. Den zweiten Teil bilden Koran-Stellen, die ein Leser vorgetragen hat. Der dritte Teil ist die Sure 112, al-Ikhlaṣ, die wiederum alle anwesenden Muslime arabisch vorgetragen haben.

Erster Teil: Die Fatiha

Im Namen Allahs, des Allbarmherzigen!
Lob und Preis sei Allah,
dem Herrn aller Weltenbewohner,
dem gnädigen Allerbarmer,
der am Tage des Gerichtes herrscht.
Dir allein wollen wir dienen,
und zu dir allein flehen wir um Beistand.
Führe uns den rechten Weg,
den Weg derer, welche sich deiner Gnade freuen –
und nicht den Pfad jener, über die du zürnst
oder die in die Irre gehen!

Zweiter Teil: Ausgewählte Koran-Verse

Sagt: „Wir glauben an Allah und an das, was er uns offenbarte, und an das, was allen Propheten von ihrem Herrn gegeben wurde. Wir kennen unter diesen keinen Unterschied. Wir bleiben Allah ergeben" (Sure II, 136).

O ihr Menschen, fürchtet Allah, euren Schutzherrn, der euch aus einem einzigen Wesen geschaffen hat und aus diesem dessen Partnerin und aus beiden viele Männer und die Frauen werden ließ. Verehrt allein Allah, in dessen Namen ihr Bitten zueinander sprecht, und seid ehrfürchtig dem Mutterschoß gegenüber, der euch gebar: Allah wacht über euch (Sure IV, 1).

O Gläubige! Wenn ihr zum Kampfe für die Religion Allahs auszieht, seid behutsam und sagt nicht zu jedem, der euch mit „Friede" begrüßt: „Du bist kein Gläubiger!", um ihn der Güter dieses Lebens zu berauben; bei Allah ist mehr Beute. So tatet ihr ehedem; aber Allah war gnädig mit euch; darum unterscheidet gut, denn Allah weiß, was ihr tut (Sure IV, 95).

Sind sie (d. h. die Feinde) aber zum Frieden geneigt, so sei auch du dazu geneigt und vertraue nur auf Allah; denn er hört und weiß alles (Sure VIII, 62).

Diener des Allbarmherzigen sind die, welche demütig auf der Erde wandeln und, wenn die Unwissenden zu ihnen sprechen, nur „Friede" antworten (Sure XXV, 64).

O ihr Menschen, wir haben euch von einem Mann und einer Frau erschaffen und euch in Völker und Stämme eingeteilt, damit ihr liebevoll einander kennen mögt. Wahrlich, nur der von euch ist am meisten bei Allah geehrt, der am frömmsten unter euch ist; denn Allah weiß und kennt alles (Sure XLIX, 13).

Dritter Teil: Die Sure al-Ikhlaṣ

Im Namen Allahs, des Allbarmherzigen!
Sprich: „Allah ist der alleinige, einzige
und ewige Gott.
Er zeugt nicht und ist nicht gezeugt,
und kein Wesen ist ihm gleich.“

Friedensgebet der Shintoisten

In alter Zeit haben die Vorfahren der Japaner ein Reich gegründet, dessen Hauptstadt in der schönen, rings von bewaldeten Bergen umgebenen Yamato-Provinz lag (Yamato bedeutet wörtlich „großer Friede“). Sie hatten sich zum hohen Ziel gesetzt, die Völkerfamilie in einer Welt zu einen, in der unaufhörlich Schiffe über das Meer führen und in Häfen vor Anker gingen, und jedes Land für Frieden sorgte und ihn hielte.

Doch hat Japan, zumal nach der Öffnung des Landes für die Welt zu Beginn des modernen Zeitalters, wiederholt mit auswärtigen Mächten Kriege geführt. Sie hatten natürlich zur Folge, daß das Volk Höllenqualen durchgemacht hat.

Wenn wir einen Blick auf die derzeitige Weltlage werfen, stellen wir staunend und vor Furcht bebend fest, daß die Höllenqualen, die wir erst vor kurzer Zeit durchgemacht haben, jetzt in verstärktem Maß die ganze Welt erfassen und die ganze Menschheit bedrohen.

In großer Sorge um die heutige Weltlage hat Papst Johannes Paul II. zu einem Gebetstag der Vertreter der größeren Weltreligionen an den ehrwürdigen Stätten von Assisi eingeladen, um hier „um Frieden zu beten“. Als Shintoist, der diese Sorge teilt, bin ich dem Ruf gefolgt und aus Japan im Fernen Osten hierhin geeilt.

Es sollte die erste Pflicht der Anhänger jeder Religionsgemeinschaft der Welt und der Menschheit unserer Zeit gegenüber sein, in ihnen das Bewußtsein der Solidarität immer mehr zu stärken, damit auch ihre inständigen Gebete in ein und dieselbe Richtung gehen.

Die Menschheit hat im Lauf ihrer langen Geschichte den Fehler gemacht, sich auf Glaubensstreitigkeiten einzulassen.

Nun versammeln wir, die wir den verschiedenen Weltreligionen angehören, uns hier auf heiligem Boden und werden gemeinsam um Frieden beten.

Ich bin Vertreter derer, die sich zum Shintoismus bekennen, der in Japan hergebrachten Religion. Wenn ich mein inständiges Friedensgebet spreche, möchte ich es in Form von zwei Oden tun, die von Kaisern der Vergangenheit und der Gegenwart stammen.

„Wie ich glaube, sind die Menschen jenseits des Meeres, das uns umgibt, doch alle unsere Brüder: Warum befindet sich dann diese Welt ständig im Unfrieden? Warum erheben sich Wind und Wogen im Meer, das uns umgibt?"

„Ich habe nur den sehnlichen Wunsch, daß der Wind bald alle Wolken vertreibt, die über den Berggipfeln liegen."

Friedensgebet der Sikh

Hochheiliger Gott, allmächtiger Gott,
gewähre uns den Frieden.
O Vollendung, sei voll von Gnade für mich.
Ich bin gefallen in die Dunkelheit,
helfe mir, du Gott.

Du bist mein Vater und meine Mutter, mein Gott,
du bist mein Bruder, du bist mein Verwandter,
du wirst mir deine Hand nicht verweigern.

Von deiner Gnade habe ich gehört,
und dies ist mein Stolz,
und nichts ist ohne dich.
Und nur du bist auf dem Platz,
und alles, was geschieht,
geschieht auf Grund deines Willens
und hängt nicht von mir ab.

Mein Herz hat Frieden gefunden und deine Gnade.
In dir sind mein Leid und meine Nöte überwunden,
mein lieber Gott,
damit der Friede mit euch sei.

Friedensgebet der afrikanischen Stammesreligionen

Allmächtiger Gott,
Du Großer Daumen, dem wir nicht ausweichen können, um etwas zu verknoten;
Du Krachender Donner, der mächtige Bäume zersplittern läßt;
Du Allsehender Herr in der Höhe, der sogar die Antilopenfährte auf dem Felsen hier unten auf der Erde sieht;
Du bist es, der nicht zögert mit der Antwort auf unseren Ruf;
Du bist der Grundstein des Friedens.

Wir alle rufen heute vor allem aus einem Grund zu dir: Unsere Welt ist friedlos. Ringsum herrschen dauernd Kriege und Streit. Wir brauchen den Frieden. Das hat den Heiligen Vater bewogen, alle Weltreligionen zu einem gemeinsamen Friedensgebet einzuladen.

Wir beten daher um den Weltfrieden. Laß Frieden herrschen im Vatikan. Gib Afrika den Frieden. Gib den einzelnen Menschen, ihren Heimen und Familien den Frieden, und breite ihn aus bis in die fernsten Winkel der Welt.

Wir beten um langes Leben, Weisheit, Frieden, Klugheit und Mut für Seine Heiligkeit, Papst Johannes Paul II., und seine Berater. Überhäufe sie mit Segen.

Verflucht seien alle Bösen, die unser lobenswertes Friedenswerk vereiteln wollen.

Möge dein in jeder Hinsicht reicher Segen auf alle herabkommen, die den Frieden fördern und erstreben.

Schließlich beten wir auch in eigener Sache, wenn auch nur kurz, zu dir. Du hast uns beschützt und heil hierhin gebracht; bring uns auch heil wieder nach Hause.

Laß alle bösen Vorfahren und Geister ihren Trank erhalten und auf der Flucht ins Verderben stürzen.

Du aber und die guten Geister der Vorfahren, die wir herbeigerufen haben, empfangt unseren Trank, segnet uns reich und gebt uns den Frieden.

Friedensgebet der Stammesreligionen der nordamerikanischen Indianer

Diese Pfeife für Frieden und Freundschaft ist meinem Volk vom Schöpfer verliehen worden. Wir sind heute hier beisammen zum Gebet für den Frieden der Welt. Ich rauche sie daher auch euch zu Ehren, meine Brüder und Schwestern aus der ganzen Welt.

Wenn wir uns der Pfeife in Gegenwart des Schöpfers und mit der ganzen Schöpfung bedienen, rauchen wir sie zu Ehren des Großen Geistes, der Mutter Erde und der vier Winde und sprechen ein Dank- und Segensgebet im Sinne unserer feierlichen Handlung, und ich rauche sie euch zu Ehren, meine Freunde.

Wenn ich die Pfeife rauche, lade ich meine Familie ein, mit mir zu rauchen, und euch, meine Freunde, mit mir zu beten als Dank für diesen Tag und um den Frieden der Welt.

Ich werde beten, daß wir uns alle verpflichten, für den Frieden in unseren Familien, unseren Stämmen und Völkern zu beten und zu arbeiten. Ich bete für all unsere Brüder und Schwestern, die über unsere Mutter Erde gehen.

Ich werde in meiner Muttersprache beten..., aber bevor ich damit beginne, möchte ich alle Anwesenden bitten, mit mir zu beten, jeder auf seine Art.

O Großer Geist, mit dieser Pfeife,
dem Symbol des Friedens,
des Rates und der Brüderschaft,
bitten wir dich, heute bei uns zu sein
und uns zu segnen.

O Großer Geist meiner Väter,
das ist mein Gebet.
Hilf mir zu erahnen,
was dich bewegt und was du verkündest.

Hilf mir, gerecht zu sein,
ausgeglichen denen gegenüber,
die mit mir beten,
und hilf mir immer, gütig zu sein.

Wenn meine Brüder und Schwestern schwach
und unstet sind,
verhilf mir zu guten Gedanken,
und zeig mir, wie ich ihnen helfen kann.
Bewege mich dazu, allen zu helfen,
die in Not sind.

O Großer Geist, ich bitte um deinen Segen.
Ich bitte dich,
all meinen Brüdern und Schwestern
auf der Welt Frieden zu bringen.
Ich bitte dich, gib uns Übung darin,
als Brüder und Schwestern zu leben
und einander zu lieben.

O Großer Geist,
ich erhebe meine Pfeife zu dir,
zu deinen Boten, den vier Winden,
und zur Mutter Erde,

die für deine Kinder sorgt.
Gib uns Weisheit, unsere Kinder zu lehren,
einander zu lieben, zu achten
und gut zueinander zu sein,
so daß sie heranwachsen
und nach Frieden trachten.
Laß uns lernen, alles Gute,
das du uns auf Erden schickst,
miteinander zu teilen.

O Großer Geist, segne alle,
die heute hier bei mir sind
zum Gebet für den Frieden der Welt.
Und segne den Heiligen Vater,
denn er hat uns alle
zu diesem Gebetstag hier versammelt.

A-ho.

Friedensgebet der Parsen

Es möge das Verständnis
über jedem Mißverständnis stehen,
es möge der Frieden, der Großmut
über allen Auseinandersetzungen stehen,
die Wertschätzung
über der Geringschätzung,
damit die Wahrheit
über das falsche Wort siegen kann,
damit die Wahrheit
über die Falschheit triumphieren kann.

Ich verpflichte mich feierlich
zur ernsthaften Suche nach Wahrheit,
ich bekenne mich feierlich
zum wahren gesprochenen Wort,
ich bekenne mich feierlich zum wahren Handeln,
ich bekenne mich zur Religion Zarathustras,
die sich für den Frieden einsetzt,
die das Selbstopfer lehrt.

Daß uns Zusammenarbeit
mit allen rechtschaffenen Menschen gegeben sei,
daß wir vereint sein können
mit den wachenden Geistern der Könige,
daß wir vereint sein können
mit allen gerechten Menschen
aller Religionsgemeinschaften der Welt,
und daß wir allen helfen können.

Mach, daß in meinem Leben zum Ausdruck kommt
eine friedliche Haltung
allen Menschen gegenüber,
die Suche nach Wahrheit.
Dies ist der größte Wunsch meines Herzens.

Mach, daß ich den Wunsch meines Lebens
verwirklichen kann.

Friedensgebet der Juden

Unser Gott im Himmel, der Herr des Friedens, wird Gnade und Barmherzigkeit über uns und allen Völkern der Erde walten lassen, die seine Barmherzigkeit und Gnade erflehen und um Frieden bitten und ihn suchen.

Unser Gott im Himmel, gib uns die Kraft, zu handeln, zu wirken und zu leben, bis der Geist von oben sich über uns zeigt und die Wüste zum Weinberg wird und der Weinberg sich als Wald erweist.

Die Gerechtigkeit wird in der Wüste eine Wohnstatt haben und die Nächstenliebe im Weinberg ihre Wohnung. Was die Gerechtigkeit tut, wird zum Frieden führen, und das Wirken der Gerechtigkeit bringt Ruhe und Sicherheit auf ewig. Und mein Volk wird ringsum Frieden haben in sicheren Wohnstätten und Geborgenheit an seinen Lagerplätzen.

Und deshalb, Herr, unser Gott und Gott unserer Väter, laß für uns und für alle Welt in Erfüllung gehen, was du durch den Propheten Micha verheißen hast: „Am Ende der Tage wird es geschehen: Der Berg mit dem Haus des Herrn steht fest gegründet als höchster der Berge; er überragt alle Hügel. Zu ihm strömen die Völker. Viele Nationen machen sich auf den Weg. Sie sagen: Kommt, wir ziehen hinauf zum Berg des Herrn und zum Haus des Gottes Jakobs. Er zeige uns seine Wege, auf seinen Pfaden wollen wir gehen. Denn von Zion kommt die Weisung, aus Jerusalem kommt das Wort des Herrn. Er spricht Recht im Streit vieler Völker, er weist mächtige Nationen zurecht bis in die Ferne. Dann schmieden sie Pflugscharen aus ihren Schwertern und Winzermesser aus ihren Lanzen. Man zieht nicht mehr das Schwert, Volk gegen Volk, und übt nicht mehr für den Krieg. Jeder sitzt unter seinem Weinstock und unter seinem Feigenbaum, und niemand schreckt ihn auf. Ja, der Mund des Herrn der Heere hat gesprochen“ (4,1–4).

O Herr im Himmel, gib der Erde den Frieden, gib der Welt Wohlergehen und der Ruhe eine bleibende Stätte in unseren Häusern.

Und laßt uns sagen: Amen!

Friedensgebet der Christen

Einleitung

In der Aufeinanderfolge der Friedensgebete möchten auch wir Christen, die wir aus allen Teilen der Welt hier in Assisi zusammengekommen sind, unseren eigenen Beitrag leisten.

Wir wenden uns deshalb zunächst unserer Heiligen Schrift zu, aus der einer von uns gleich eine Lesung vorträgt. In den biblischen Büchern finden wir die an die Menschheit gerichtete Offenbarung der Wege Gottes.

Sie lehren uns, daß Gott der „Gott des Friedens und nicht ein Gott der Unordnung ist“ (1 Kor 14,33), daß er will, daß alle Menschen auf der Welt „in der Fülle des Friedens“ (vgl. Jes 54,13) leben, während Kriege gleich welcher Art aufhören (vgl. Ps 46,10) und Waffen zum Heil der Menschen in Ackergerät umgeschmiedet werden sollten (vgl. Jes 2,4; Mi 4,3).

So ist der Friede nicht nur ein kriegsfreier Zustand, sondern brüderliche Eintracht und Verwirklichung der Einheit in der Menschheitsfamilie. „An jenem Tag – Spruch des Herrn – werdet ihr einander einladen unter Weinstock und Feigenbaum“ (Sach 3,10). Unser *Herr Jesus Christus*, der Sohn Gottes, hat sein Leben dafür hingegeben (vgl. Joh 11,52) und uns Christen „seinen Frieden“ hinterlassen (vgl. Joh 14,27), damit wir ihn allen verkünden und ihn allenthalben zu verwirklichen helfen durch den „Dienst der

Versöhnung“ (vgl. 2 Kor 5, 18), den er uns aufgetragen hat. Er selbst ist ja „unser Friede“ (Eph 2, 14).

Der Geist Gottes, der, wie wir glauben, Gott selbst ist, ist der Geist, der allen „Einheit“ bringt „durch den Frieden, der“ uns „zusammenhält“ (vgl. Eph 4, 3), denn der Friede ist eine seiner Gaben (vgl. Gal 5, 22).

So sind wir denn auf Grund unseres besonderen Glaubensbekenntnisses dazu berufen, „Frieden zu stiften“, und wir werden „selig“ sein, wenn wir es tun (vgl. Mt 5, 9).

Aber wir wissen auch sehr wohl, daß zwischen Frieden und Gerechtigkeit ein innerer Zusammenhang besteht.

Unser Glaube verpflichtet uns, für den Frieden einzutreten, und verpflichtet uns dadurch auch zum Einsatz für die Gerechtigkeit, das heißt nicht nur zur Achtung vor der Menschenwürde, sondern zum Eintreten für die wahre Würde aller Männer und Frauen, die „nach Gottes Bild“ (vgl. Gen 1, 26) geschaffen sind.

„Der Friede Gottes, der alles Verstehen übersteigt“ (Phil 4, 7), fordert als eine spezifisch christliche Berufung von uns als Einzelnen wie als Gemeinschaft eine Antwort in Glaube, Hoffnung und Liebe, im Beten, Handeln und Leiden.

Deshalb sind wir hier.

Evangelium
Aus dem heiligen Evangelium nach Lukas (6,20–31).

Selig, ihr Armen! – Weh euch, ihr Reichen!

Jesus richtete seine Augen auf seine Jünger und sagte:

Selig, ihr Armen, denn euch gehört das Reich Gottes.

Selig, die ihr jetzt hungert, denn ihr werdet satt werden.

Selig, die ihr jetzt weint, denn ihr werdet lachen.

Selig seid ihr, wenn euch die Menschen hassen und aus ihrer Gemeinschaft ausschließen, wenn sie euch beschimpfen und euch in Verruf bringen um des Menschensohnes willen. Freut euch und jauchzt an jenem Tag; euer Lohn im Himmel wird groß sein. Denn ebenso haben es ihre Väter mit den Propheten gemacht.

Aber weh euch, die ihr reich seid; denn ihr habt keinen Trost mehr zu erwarten.

Weh euch, die ihr jetzt satt seid; denn ihr werdet hungern.

Weh euch, die ihr jetzt lacht; denn ihr werdet klagen und weinen.

Weh euch, wenn euch alle Menschen loben; denn ebenso haben es ihre Väter mit den falschen Propheten gemacht.

Euch, die ihr mir zuhört, sage ich: Liebt eure Feinde; tut denen Gutes, die euch hassen. Segnet die, die euch verfluchen; betet für die, die euch mißhandeln. Dem, der dich auf die eine Wange schlägt, halt auch die andere hin, und dem, der dir den Mantel wegnimmt, laß auch das Hemd. Gib jedem, der dich bittet; und wenn dir jemand etwas wegnimmt, verlang es nicht zurück. Was ihr von anderen erwartet, das tut ebenso auch ihnen.

Sprecher: Laßt uns dem Herrn danken!
Alle: Dank sei Gott!

Fürbitten

Vorbeter: In Frieden und Einheit laßt uns zum Herrn, unserem Gott, rufen.
Kyrie, eleison,
Kyrie, eleison,
Kyrie, eleison.

Herr, erbarme dich.

– Für die Völker der Erde und ihre Regierungen.
Alle: Kyrie, eleison.

– Für alle, die eins sind im Glauben an Gott, und für alle hier anwesenden Brüder und Schwestern.
Alle: Kyrie, eleison.

– Für alle, die uns Gutes getan, und für alle, denen wir Böses angetan haben.
Alle: Kyrie, eleison.

– Für alle, die in Gefahr sind, für die Gefangenen, die Hungernden, die Verbannten und die Kranken.
Alle: Kyrie, eleison.

– Für alle, die sich trotz unserer Unzulänglichkeit auf unser Gebet verlassen.
Alle: Kyrie, eleison.

– Für uns selbst um die Gnade, Friedensstifter zu werden.
Alle: Kyrie, eleison.

Das Gebet des Herrn

Papst Johannes Paul II.:

Laßt uns zuversichtlich zu Gott, unserem Vater, beten mit den Worten, die unser Erlöser uns anvertraut hat:

Alle:

Vater unser im Himmel,
Geheiligt werde dein Name.
Dein Reich komme.
Dein Wille geschehe,
wie im Himmel so auf Erden.
Unser tägliches Brot gib uns heute.
Und vergib uns unsere Schuld,
wie auch wir vergeben unsern Schuldigern.
Und führe uns nicht in Versuchung,
sondern erlöse uns von dem Bösen.
Denn dein ist das Reich und die Kraft
und die Herrlichkeit in Ewigkeit.
Amen.

Verpflichtung

Ein Jugendlicher:

Verpflichten wir uns also,
vom Worte Gottes erleuchtet,
vom Beispiel Christi mitgerissen
und dem Heiligen Geist gehorsam,
der Sache des Friedens zu dienen
durch Gerechtigkeit, durch Gebet,
durch die Tat und durch Leiden?

Führende Vertreter der Christen: Ja, das tun wir.

Ansprache Papst Johannes Pauls II. zum Abschluß des Weltgebetstages

Meine Brüder und Schwestern,
Führer und Vertreter der christlichen Kirchen und kirchlichen Gemeinschaften und der Weltreligionen,
liebe Freunde!

1. Am Ende dieses Weltgebetstages für den Frieden, zu dem Sie meine Einladung angenommen und aus vielen Erdteilen hierher gekommen sind, möchte ich nun meinen Empfindungen Ausdruck geben als Bruder und Freund, aber auch als einer, der an Jesus Christus und an die katholische Kirche glaubt und der erste Zeuge des Glaubens an ihn ist.

In bezug auf das letzte, das christliche Gebet in der Reihe, die wir alle gehört haben, bekenne ich hier erneut meine Überzeugung, die von allen Christen geteilt wird, daß in Jesus Christus, als dem Erlöser aller, wahrer Friede gefunden wird, „Friede den Fernen und Friede den Nahen" (vgl. Eph 2,17). Seine Geburt wurde vom Gesang der Engel begrüßt: „Verherrlicht ist Gott in der Höhe, und auf Erden ist Friede bei den Menschen seiner Gnade" (Lk 2,14). Er hat Liebe zu allen, sogar zu den Feinden, gepredigt, seliggepriesen diejenigen, die Frieden stiften (vgl. Mt 5,9), und hat durch seinen Tod und seine Auferstehung Himmel und Erde miteinander versöhnt (vgl. Kol 1,20). Um einen Ausdruck des Apostels Paulus zu benutzen: „Er ist unser Friede" (Eph 2,14).

2. Es ist in der Tat meine Glaubensüberzeugung, die mich euch, den Vertretern der christlichen Kirchen und kirchlichen Gemeinschaften und Weltreligionen, in tiefer Liebe und Achtung zugewandt hat.

Mit den anderen Christen teilen wir viele Überzeugungen und besonders, was den Frieden betrifft.

Mit den Weltreligionen teilen wir eine gemeinsame Achtung des Gewissens und Gehorsam ihm gegenüber, das uns alle lehrt, die Wahrheit zu suchen, die einzelnen und die Völker zu lieben und ihnen zu dienen und deshalb unter den einzelnen Menschen und unter den Nationen Frieden zu stiften.

Wir alle halten das Gewissen und den Gehorsam gegenüber der Stimme des Gewissens für wesentliche Elemente auf dem Weg zu einer besseren und friedvollen Welt.

Könnte es anders sein, da doch alle Männer und Frauen in dieser Welt eine gemeinsame Natur, einen gemeinsamen Ursprung und ein gemeinsames Schicksal haben?

Wenn es auch zwischen uns viele und bedeutsame Unterschiede gibt, ist es nicht dennoch richtig zu sagen, daß es auf der tieferen Ebene der Menschlichkeit einen gemeinsamen Grund gibt, von wo her es zusammenzuarbeiten gilt für die Lösung dieser dramatischen Herausforderung unserer Zeit: wahrer Friede oder katastrophaler Krieg?

3. Ja, es gibt die Dimension des Gebetes, die sogar in der tatsächlichen Verschiedenheit der Religionen eine Verbindung mit einer Macht über allen menschlichen Kräften auszudrücken versucht.

Der Friede hängt grundlegend von dieser Macht ab, die wir Gott nennen und die sich selbst, wie die Christen glauben, in Christus geoffenbart hat.

Dies ist der Sinn dieses Weltgebetstages.

Zum ersten Mal in der Geschichte sind wir, christliche Kirchen und kirchliche Gemeinschaften und Weltreligionen, von überallher zusammengekommen an diesem heiligen, dem heiligen Franziskus geweihten Ort, um vor der Welt jeder entsprechend seiner eigenen Überzeugung vom transzendenten Wert des Friedens Zeugnis zu geben.

Die Form und der Inhalt unserer Gebete sind sehr verschieden, wie wir gesehen haben, und es kann keine Frage sein, sie auf eine Art gemeinsamen Nenner zu reduzieren.

4. Dennoch haben wir in dieser tatsächlichen Verschiedenheit vielleicht neu entdeckt, daß es hinsichtlich des Friedensproblems und seiner Beziehung zur religiösen Verpflichtung etwas gibt, was uns miteinander verbindet. Die Herausforderung des Friedens, wie sie sich gegenwärtig jedem menschlichen Gewissen stellt, übersteigt die religiösen Differenzen. Es geht um das Problem einer angemessenen Qualität des Lebens für alle, um das Problem des Überlebens für die Menschheit, um das Problem von Leben und Tod.

Angesichts eines solchen Problems scheinen zwei Dinge eine höchste Wichtigkeit zu haben, und beide von ihnen sind uns allen gemeinsam.

Das *erste* und der *innere Imperativ des moralischen Gewissens,* das uns einschärft, *menschliches Leben zu achten, zu schützen und zu fördern* vom Mutterleib an bis zum Totenbett, für einzelne Menschen und Völker, besonders aber für den Schwachen, den Notleidenden, den Verlassenen: der Imperativ, Selbstsucht, Gier und den Geist der Rache zu überwinden.

Die *zweite* Gemeinsamkeit ist die Überzeugung, daß der *Friede die menschlichen Kräfte weit übersteigt,* besonders in der gegenwärtigen Lage der Welt, und daß deshalb *seine Quelle und Verwirklichung in jener Wirklichkeit zu suchen sind, die über uns allen ist.*

Das ist der Grund, warum ein jeder von uns um Frieden betet. Sogar wenn wir denken, wie wir es auch tatsächlich tun, daß die Beziehung zwischen jener Wirklichkeit und dem Geschenk des Friedens entsprechend unserer jeweiligen religiösen Überzeugung verschieden ist, so *bejahen wir doch alle, daß es solch eine Beziehung gibt.*

Das ist es, was wir ausdrücken, wenn wir darum beten.

Ich wiederhole demütig hier meine eigene Überzeugung: Friede trägt den Namen Jesu Christi.

5. Aber zur selben Zeit und im selben Atemzug bin ich bereit anzuerkennen, daß Katholiken nicht immer treu zu dieser Glaubensaussage gestanden haben. Wir sind nicht immer „Friedensstifter" gewesen.

Deshalb ist für uns selbst, aber vielleicht auch in einem gewissen Sinn für alle diese Begegnung in Assisi ein Akt der *Buße.* Wir haben gebetet, jeder auf seine Weise, wir haben gefastet, wir sind zusammen gepilgert. Auf diese Weise haben wir versucht, unsere Herzen der göttlichen Wirklichkeit über uns und auf unsere Mitmenschen hin zu öffnen.

Ja, weil wir *gefastet* haben, haben wir die Leiden vor Augen, die unsinnige Kriege verursacht haben und noch immer für die Menschheit verursachen. Dadurch haben wir versucht, geistig den Millionen nahe zu sein, die die Opfer von Hunger in aller Welt sind.

Während wir *schweigend einhergeschritten* sind, haben wir über den Weg nachgedacht, den unsere Menschheitsfamilie geht: entweder in Feindschaft, wenn wir es verfehlen, uns einander in Liebe anzunehmen; oder als eine gemeinsame Wanderung zu unserem erhabenen Ziel, wenn wir uns vergegenwärtigen, daß die anderen unsere Brüder und Schwestern sind. Die Tatsache selbst, daß wir von den verschiedenen Erdteilen nach Assisi gekommen sind, ist in sich ein Zeichen für diesen gemeinsamen Weg, den zu beschreiten die Menschheit berufen ist. Entweder lernen wir, in Frieden und Harmonie miteinanderzugehen, oder wir werden vom Wege abgetrieben und zerstören uns selbst und die andern. Wir hoffen, daß die Pilgerreise nach Assisi uns erneut gelehrt hat, uns des gemeinsamen Ursprungs und des gemeinsamen Schicksals der Menschheit bewußt zu werden. Laßt uns darin eine Vorwegnahme dessen sehen, was Gott von der geschichtlichen Entwicklung der Menschheit gern verwirklicht sehen möchte: eine brüderliche Wanderung, auf der wir uns gegenseitig begleiten zum transzendenten Ziel, das er uns gesetzt hat.

Gebet, Fasten, Wallfahrt.

6. Dieser Tag in Assisi hat uns geholfen, uns unserer religiösen Verpflichtung mehr bewußt zu werden. Er hat aber auch die Welt, die durch die Medien auf uns geschaut hat, der Verantwortung jeder Religion für das Problem von Krieg und Frieden bewußter gemacht.

Mehr vielleicht als je zuvor in der Geschichte ist die innere Verbindung zwischen einer aufrichtigen religiösen Haltung und dem großen Gut des Friedens allen deutlich geworden.

Was für eine furchtbare Last für menschliche Schultern zu tragen! Aber gleichzeitig was für ein wunderbarer, erfreulicher Ruf zu folgen!

Wenn auch das Gebet in sich selbst schon Aktion ist, so entschuldigt uns dies jedoch keineswegs davon, *auch für den Frieden zu arbeiten.* Hier handeln wir als die Herolde des moralischen Bewußtseins der Menschheit als solcher, der Menschheit, die Frieden wünscht, die des Friedens bedarf.

7. Es gibt *keinen Frieden ohne eine leidenschaftliche Liebe für den Frieden.* Es gibt *keinen Frieden ohne eine unnachgiebige Entschlossenheit,* den Frieden auch zu erlangen.

Der Friede wartet auf seine Propheten. Wir haben gemeinsam unsere Augen mit Friedensvisionen gefüllt: sie setzen Kräfte frei für eine neue Sprache des Friedens, für neue Gesten des Friedens, Gesten, welche die verhängnisvollen Ketten der Entzweiungen zerbrechen, die von der Geschichte ererbt oder durch moderne Ideologien geschmiedet worden sind.

Der Friede wartet auf seine Erbauer. Laßt uns unsere Hände unseren Brüdern und Schwestern entgegenstrecken, sie ermutigen, Friede auf den *vier Säulen der Wahrheit, der Gerechtigkeit, der Liebe und des Friedens zu errichten* (vgl. *Pacem in terris).*

Der Friede ist eine Werkstatt, die allen offensteht, nicht nur Fachleuten, Gebildeten und Strategen. Der Friede ist eine universale Verantwortung: Er verwirklicht sich durch Tausende kleiner Handlungen im täglichen Leben. Durch die Art ihres täglichen Zusammenlebens mit anderen entscheiden sich die Menschen für oder gegen den Frieden. Wir vertrauen die Sache des Friedens besonders der Jugend an. Mögen die jungen

Menschen helfen, den Lauf der Geschichte von den falschen Pfaden zu befreien, auf denen sich die Menschheit verirrt.

Der Friede liegt nicht nur in den Händen von einzelnen Personen, sondern von ganzen Nationen. Die Nationen sind es, die die Ehre haben, ihr friedenstiftendes Handeln auf der Überzeugung von der Unantastbarkeit der menschlichen Würde und der Anerkennung der unbestreitbaren Gleichheit der Menschen untereinander zu gründen. Eindringlich laden wir die Führer der Nationen und der internationalen Organisationen ein, sich unermüdlich um Dialog zu bemühen und ihn dort zu fördern, wo immer der Friede bedroht oder bereits kompromittiert ist. Wir bieten ihren oft anstrengenden Bemühungen, den Frieden zu erhalten oder wiederherzustellen, unsere Unterstützung an. Wir ermutigen erneut die Organisation der Vereinten Nationen, ihrer universalen Friedenssendung in all ihrer Weite und Größe voll zu entsprechen.

8. Als Antwort auf den Aufruf, den ich von Lyon in Frankreich an dem Tag gemacht habe, an dem wir Katholiken das Fest des heiligen Franziskus feiern, hoffen wir, daß die Waffen schweigen und die Kämpfe aufgehört haben. Dies würde ein erstes bedeutsames Ergebnis der geistigen Wirksamkeit des Gebetes sein. Dieser Aufruf würde in der Tat von vielen Herzen und Lippen überall in der Welt geteilt, besonders dort, wo Menschen unter dem Krieg und seinen Folgen leiden.

Es ist lebenswichtig, den Frieden und die Mittel zu wählen, um ihn zu erhalten. Der Friede, der von so anfälliger Gesundheit ist, erfordert ständige und intensive Pflege. Auf diesem Pfad sollten wir sicheren und schnelleren Schrittes voranschreiten, denn zweifellos haben die Menschen niemals zuvor so viele Mittel wie heute gehabt, den wahren Frieden zu erbauen. Die Menschheit ist in eine Ära erhöhter Solidarität und größeren Hungers nach sozialer Gerechtigkeit eingetreten. Darin liegt unsere Chance. Es ist auch unsere Aufgabe, die das Gebet uns zu meistern hilft.

9. Was wir heute in Assisi getan haben, indem wir gebetet und für unser Engagement für den Frieden Zeugnis abgelegt haben, müssen wir jeden Tag unseres Lebens fortsetzen. Denn das, was wir heute getan haben, ist lebenswichtig für die Welt. Wenn die Welt weiterbesteht und Männer und Frauen in ihr überleben sollen, kann ihr das nicht ohne Gebet gelingen.

Das ist die ständige Lehre von Assisi: Es ist die Lehre des heiligen Franziskus, der für uns ein anziehendes Ideal verkörpert; es ist die Lehre der heiligen Klara, seiner ersten Schülerin. Es ist ein Ideal, das sich aus Sanftmut, Demut, einem tiefen Gefühl der Nähe Gottes und der Bereitschaft, allen zu dienen, zusammensetzt. Der heilige Franziskus war *ein Mann des Friedens.* Wir erinnern uns, daß er die militärische Karriere, welche er eine Zeitlang in seiner Jugend verfolgt hatte, aufgegeben und den Wert der Armut entdeckt hat, den Wert eines einfachen und strengen Lebens in der Nachfolge Jesu Christi, dem er dienen wollte. Die heilige Klara war die *Frau des Gebetes* par excellence. Ihre Vereinigung mit Gott im Gebet unterstützte Franziskus und seine Anhänger, wie es uns heute unterstützt. Franziskus und Klara sind Beispiele des Friedens: mit Gott, mit sich selbst, mit allen Männern und Frauen in dieser Welt. Mögen dieser heilige Mann und diese heilige Frau heute alle Menschen inspirieren, die gleiche Charakterstärke und Liebe zu Gott und zum Nächsten zu haben, um auf dem Weg weiterzuschreiten, den wir zusammen gehen müssen.

10. Bewegt vom Beispiel des heiligen Franziskus und der heiligen Klara, den wahren Jüngern Christi, und erneut überzeugt von der Erfahrung dieses Tages, den wir zusammen verlebt haben, sind wir bereit, unser Gewissen zu prüfen, seine Stimme treuer zu hören, unseren Geist von Vorurteil, Ärger, Feindschaft, Eifersucht und Neid zu reinigen. Wir wollen danach trachten, Friedensstifter im Denken und Tun zu sein, mit Geist und Herz auf die Einheit der menschlichen Familie ausgerichtet. Und wir fordern all unsere Brüder und Schwestern, die uns hören, auf, dasselbe zu tun.

Wir tun dies mit dem Gefühl unserer eigenen menschlichen Begrenzungen und im Bewußtsein, daß wir aus uns allein heraus scheitern werden. Deshalb betonen wir und erkennen wir an, daß unser künftiges Leben und der Friede immer von Gottes Geschenk an uns abhängen.

In diesem Geist bitten wir die Führer der Welt, davon Kenntnis zu nehmen, daß wir Gott demütig um Frieden anflehen. Aber wir bitten sie auch, ihre Verantwortungen zu erkennen, sich selbst der Aufgabe des Friedens ganz zu widmen, Strategien des Friedens mit Mut und Vision zu verwirklichen.

11. Laßt mich nun zu einem jeden von euch zurückkommen, den Vertretern der christlichen Kirchen, kirchlichen Gemeinschaften und Weltreligionen, die ihr zu diesem Gebetstag nach Assisi gekommen seid, fastend und pilgernd.

Ich danke euch noch einmal, daß ihr meine Einladung angenommen habt, zu diesem Zeugnisakt vor der Welt hierherzukommen.

Ich danke auch all jenen, die unsere Anwesenheit hier ermöglicht haben, besonders unseren Brüdern und Schwestern in Assisi.

Vor allem aber danke ich Gott, dem Gott und Vater Jesu Christi, für diesen Tag der Gnade für die Welt, für jeden von euch und für mich selbst. Ich tue dies mit den Worten, die dem heiligen Franziskus zugeschrieben werden:

Herr,
mach mich zu einem Werkzeug deines Friedens,
daß ich liebe, wo man haßt;
daß ich verzeihe, wo man beleidigt;
daß ich verbinde, wo Streit ist;
daß ich die Wahrheit sage, wo Irrtum ist;
daß ich Glauben bringe, wo Zweifel droht;
daß ich Hoffnung wecke, wo Verzweiflung quält;
daß ich Licht entzünde, wo Finsternis regiert;
daß ich Freude bringe, wo der Kummer wohnt.

Herr,
laß mich trachten,
nicht, daß ich getröstet werde,
sondern daß ich tröste;
nicht, daß ich verstanden werde,
sondern daß ich verstehe;
nicht, daß ich geliebt werde,
sondern daß ich liebe.

Denn wer sich hingibt, der empfängt;
wer sich selbst vergißt, der findet;
wer verzeiht, dem wird verziehen;
und wer stirbt, der erwacht zum ewigen Leben.

Kommentar
von
Hans Waldenfels

Am 25. Januar 1986 sprach Johannes Paul II. in St. Paul vor den Mauern in Rom zum erstenmal von dem Gebetstreffen, zu dem er Vertreter der verschiedenen Religionen in aller Welt nach Assisi einladen wollte. Es sollte daraus eine Weltgebetsbewegung für den Frieden werden, die über die Grenzen der Völker hinweg die Gläubigen aller Religionen einbezieht und die ganze Erde umfaßt. Tag und Ort der Ankündigung rufen Erinnerungen wach. Schließlich war es am 25. Januar 1959, dem Feste Pauli Bekehrung, daß der unvergeßliche Johannes XXIII. in dieser Kirche am Stadtrand des alten Rom das Ökumenische Konzil, das spätere Zweite Vatikanum, ankündigte. In gewissem Sinne stellt der heutige Papst mit der Wahl desselben Ortes und desselben Tages seine Ankündigung an die Seite jener prophetischen Vision, in deren Wirkungsgeschichte wir selber heute leben.

Als 1962 das Zweite Vatikanische Konzil zusammentrat, war es nicht das Ökumenische Konzil, von dem all jene träumten, denen die Ökumene im heutigen Sinne des Wortes etwas bedeutete. Gerade deshalb konnte das Konzil aber auch nicht mehr so zusammentreten, daß die Vertreter der verschiedenen Christentümer der Welt einfachhin draußen vor der Tür blieben. Es kam zur Einladung von Vertretern der nichtkatholischen christlichen Kirchen und Gemeinschaften, die den Status von Beobachtern erhielten und einfach durch ihre Gegenwart den Gang der Dinge auf vielfältige Weise mitbestimmten.

Die Frage der Religionen stand freilich, als das Konzil eröffnet wurde, ebensowenig auf seiner Agende wie die Frage des Friedens. Beide Fragen fanden erst nachträglich ihren Ort in den Dokumenten des Konzils.

Zwar wurde am 28. Oktober 1965 die Erklärung „Nostra Aetate“ über das Verhältnis der Kirche zu den nichtchristlichen Religionen mit überwältigender Mehrheit verabschiedet. Doch 1. war das Dokument erst nach langwierigen Verhandlungen, als die Erklärung über das christlich-jüdische Verhältnis aus verschiedensten Gründen zu scheitern drohte, zu dem geworden, was es heute ist; 2. hatte es im Vergleich mit den anderen großen Dokumenten des Konzils eher den Rang einer Absichtserklärung.

Ähnliches gilt für die Frage des Friedens. Diese ist am Ende der Pastoralkonstitution „Gaudium et Spes“ im 5. Kapitel des zweiten Hauptteils thematisiert worden. Johannes XXIII. hatte kurz vor seinem Tode noch die Friedensenzyklika „Pacem in terris“ am 11. April 1963 erlassen. Papst Paul VI. richtete seinen Friedensappell an die UNO-Vollversammlung in New York am 4. Oktober, dem Fest des hl. Franz von Assisi, 1965. Doch daß die Frage des Friedens ein zentrales Konzilsthema war, wird niemand behaupten können.

Religionen und Friede

Inzwischen sind zwanzig Jahre seit dem Ende des Zweiten Vatikanischen Konzils vergangen. Die katholische Kirche ist in den beiden Feldern Weltreligionen und Friede seither nicht untätig geblieben. Noch während des Konzils gründete Paul VI. zu Pfingsten 1964 das Sekretariat für die Nichtchristen, das die Aufgabe hat, den Dialog mit den Vertretern nichtchristlicher Religionen aufzubauen, zu fördern oder auch zu vertiefen. Im Januar 1967 kam es zur Gründung der Päpstlichen Kommission „Iustitia et Pax“, die seither bis auf die nationalen Ebenen ausgebaut worden ist. Am 26. März 1967 veröffentlichte Paul VI. seine Enzyklika „Populorum Progressio“, in der er die Entwicklung den „neuen Namen für Friede“ nannte.

Eine deutliche Verbindung des Friedensanliegens mit den Religionen hat in den letzten zwanzig Jahren die Weltkonferenz der Religionen für den Frieden hergestellt. 1966 auf Grund von eher privaten Initiativen in den USA gegründet, ist die Organisation bislang in vier Weltkonferenzen an die Öffentlichkeit getreten: 1970 in Kyoto, 1974 in Löwen, 1979 in Princeton, N.J., 1984 in Nairobi. Auf all diesen Konferenzen waren in wachsendem Maße auch repräsentative Vertreter der verschiedenen Weltreligionen anwesend. Es waren nicht zuletzt die 1983 verstorbene Frau Dr. Maria Alberta Lücker und der Erzbischof von New Delhi Angelo Fernandes, die in führenden Positionen innerhalb der Weltkonferenz deren Anliegen in den innerkirchlichen Raum hinein vermitteln konnten. Dabei ist das Verhältnis von Religionen und Frieden nicht erst in unseren Tagen ein bedrängendes Anliegen. Schon 1453 schrieb Nikolaus von Kues seinen Traum von einem Friedenskonzil in seinem Buch „De Pace Fidei – Der Friede des Glaubens" nieder. Angesichts der in Religionskriegen erfahrenen Grausamkeiten läßt der Kusaner in seiner Vision folgende Worte vernehmen:

> „Der Herr, der König Himmels und der Erde, hörte das Seufzen der Ermordeten und Gefesselten und der in Knechtschaft Geführten, die dies um der Verschiedenheit ihrer Religionen willen erdulden. Und da alle, die solche Verfolgung ausüben oder erleiden, aus keinem anderen Grund dazu geführt werden als dem, daß sie glauben, so ihr Heil zu fördern und ihrem Schöpfer zu gefallen, hat sich der Herr seines Volkes erbarmt und stimmt dem Vorhaben zu, alle Verschiedenheiten der Religionen durch gemeinsame Zustimmung aller Menschen einmütig auf eine einzige, fürder unverletzliche Religion zurückzuführen" (Kap. III).

In Jerusalem beginnen sie dann alle miteinander vor Gott zu sprechen: der Grieche, Italer, Araber und Inder, der

Chaldäer und der Jude, der Skythe und der Gallier, der Perser, Syrer, Spanier und Türke, der Deutsche, der Tartar, der Armenier und Böhme, am Ende der Engländer. Sie alle tragen ihre Fragen und Anliegen vor. Die Antworten, die sich im Werke des Cusanus einstellen, sind hier nicht zu besprechen. Es geht nur darum, daß das Anliegen des Friedens seit langem als ein Auftrag der Religionen, ja auch als ein Auftrag an die Religionen gesehen worden ist.

Inzwischen steht erneut der Ruf nach einem Konzil des Friedens im Raum. Im Rahmen des 21. Deutschen Evangelischen Kirchentages in Düsseldorf formulierte Carl Friedrich von Weizsäcker am 8. Juni 1985 seinen Aufruf an die Kirchen der Welt:

> „Wir bitten die Kirchen der Welt, ein Konzil des Friedens zu berufen.
> Der Friede ist heute Bedingung des Überlebens der Menschheit.
> Es ist nicht gesichert.
> Auf einem ökumenischen Konzil, das um des Friedens willen berufen wird, müssen die christlichen Kirchen in gemeinsamer Verantwortung ein Wort sagen, das die Menschheit nicht überhören kann.
> Die Zeit drängt.
> Wir bitten die Kirchenleitungen, alles zu tun, damit das Konzil so rasch wie möglich zusammentritt.
> Wir bitten die Gemeinden, dem Aufruf zu einem Konzil durch ihre ausdrückliche Unterstützung Kraft zu verleihen."

Der Weltgebetstag in Assisi war kein Friedenskonzil im Sinne dieses Aufrufs Carl Friedrich von Weizsäckers. Doch der Rufer nach diesem Konzil, auf das es inzwischen vielfältige Reaktionen aus aller Welt gibt, war anwesend in Assisi, zusammen mit der Mutter Teresa aus Kalkutta und dem greisen Erzbischof von Prag, Kardinal František Tomášek, der als Vertreter einer schweigenden Kirche es für seine Pflicht hielt, die Leiden seines Volkes in das Gebet um den Frieden einzubringen.

Die Teilnehmer

Noch ist nicht bekannt, wen genau der Heilige Stuhl nach Assisi eingeladen hat und wie die konkrete Repräsentanz der in Assisi vertretenen Religionen zustande gekommen ist. Vom Ergebnis her wissen wir, wer anwesend war, nicht aber, wer der Einladung keine Folge geleistet hat. Nur soviel steht zunächst fest: 1. Der Heilige Vater hat in die Stadt des heiligen Franz von Assisi nicht nur Vertreter der christlichen Kirchen, sondern auch Vertreter der verschiedenen Religionen in der Welt zu einem Gebetstreffen für den Frieden in der Welt eingeladen; er hat 2. die in den verschiedenen Teilen der Welt Kriegführenden und Streitenden aufgefordert, wenigstens für diesen einen Tag zum Zeichen ihres Friedenswillens die Waffen ruhen zu lassen. Dieser Aufforderung sind, wie wir heute wissen, zwar nicht alle, aber doch viele Gruppen in der Welt nachgekommen.

Ehe daß wir uns dem Ablauf der Veranstaltung selbst zuwenden, wollen wir die verschiedenen religiösen Gruppen vorstellen, die sich auf die Einladung des Papstes hin am 27. Oktober 1986 in Assisi eingefunden haben. Soweit ihre Vertreter in offizieller Funktion nach Assisi gereist sind, sind sie auch namentlich bekannt. Die Reihenfolge, in der wir die Religionen aufführen, ist dabei in gewissem Sinne willkürlich. Wir beginnen aber bewußt mit jenen Gruppen, die für viele ins Reich der Folklore verbannt sind, den Natur- und Stammesreligionen Afrikas und Nordamerikas; die römischen Texte sprechen von den „traditionellen Religionen“. Die Anwesenheit von Vertretern dieser Religionen macht darauf aufmerksam, daß auch heute zu unterscheiden ist zwischen Weltreligionen, d.h. Religionen mit einem Anspruch an die Menschen in aller Welt, und Religionen in der Welt, deren Anspruch sich an die Menschen bestimmter Stämme und Gegenden der Welt richtet.

Nordamerikanische Indianer: Der Häuptling der Crow-Indianer mit Namen Pretty-on-the-Top vertrat jene einheimischen Indianergruppen Nordamerikas, die im Laufe der Kolonialisierung der heutigen Vereinigten Staaten fast weitgehend ausgerottet worden sind, deren Religiosität aber bis heute greifbar ist. Alle diese Indianer verehren auf ihre Weise den Großen Geist, der den Menschen in den vielen Abläufen des Lebens, beim Sonnenaufgang, im Licht, im Geschenk des Regens nahe ist. Der langgezogene Gebetsruf Ho-o-o der Delawaren, die das Walten des Schöpfers im Brausen des Windes in den Herbstwäldern vernahmen, das Oh, ho, ho, ho, mit dem die Irokesen das Große Wesen anriefen, klingt auch wider im A-ho des Crow-Indianers, der zur Großfamilie der Sioux gehört. Eindrucksvolles Zeichen des Friedens, das auch bei uns durch die Populärliteratur weithin bekannt ist, ist die Friedenspfeife. Wenn der indianische Häuptling am Ende der Feier in Assisi die Friedenspfeife in alle vier Winde rauchte, so brachte er damit ein für die Indianer ausdrucksträchtiges Symbol ein: Friedensschlüsse und Verträge, Abmachungen und Freundschaften werden mit dem Rauchen der Friedenspfeife besiegelt, die der Häuptling zunächst anraucht und dann an die Anwesenden weitergibt. Die Anwesenheit des Häuptlings aus den USA machte aber offenkundig, daß die Indios Mittel- und Südamerikas nicht präsent waren – jene Armen und Sprachlosen, denen es erst heute im Zeichen der Befreiung Lateinamerikas langsam ermöglicht wird, mit Hilfe der Alphabetisierungskampagnen Anschluß an die Kommunikationsmöglichkeiten der heutigen Zivilisation, an die Schriftsprachen und die Telekommunikationen, zu finden.

Vertreter der afrikanischen Stammesreligionen: Die Zahl der Anhänger von Stammesreligionen in Afrika und Amerika wird mit über 200 Millionen angegeben. Afrika war vertreten durch Häuptlinge und Medizinmänner aus Kenya, Ghana und Togo. Vom Togosee kam der Große Meister des Waldes, der 90jährige Togbui Assenou, ein großer Zauberer, der, von seinem Neffen, einem katholischen Priester, begleitet, zum erstenmal in seinem Leben den heiligen Wald verließ, Kleider anzog und die weite Reise in das ferne Europa auf sich nahm. Menschen dieser Art wissen um die Überlegenheit der übermenschlichen Mächte und Kräfte, des Göttlichen und des Dämonischen. Sie erfahren Gottes Mächtigkeit in den Ereignissen der Natur, in Sturm und Donner, in Erfahrungen der Gefahr und der Geborgenheit, da, wo sie von guten Geistern geleitet werden und sich den Ahnen verbunden wissen. Sie suchen aber dann auch nach Wegen der Heilung und der Befreiung vom Bösen, setzen die Beschwörung der Geister ein, nutzen Riten der Reinigung. Einiges davon haben die Medizinmänner Afrikas offensichtlich auch in das Weltfriedensgebet von Assisi eingebracht.

Shintoisten: In einer gewissen Nähe zu den zuvor genannten Natur- und Stammesreligionen ist auch die einheimische Religion der Japaner, Shintō, der Weg der Götter, anzusiedeln. Auch hier steht *kami* für alles, was oben ist, für Gott, Götter und Göttliches, für die Geister und die Ahnen. Ohne Gründer, zurückreichend in die im Mythos angesagte Vorzeit der Weltengründung, leitet diese Religion die Menschen an, sich in die Ordnung der Natur und aller Dinge einzubringen. Sie tut dies auch dort, wo sie in der späteren Geschichte Japans ihre Wegweisung mit dem Buddhismus und dem Konfuzianismus teilt. Friede bedeutet hier wesentlich Anerkennung der natürlichen Ordnung und Abläufe. Anerkennung der Naturordnung und Regierung des Landes haben in diesem Sinne eins zu sein. Die eigentümliche sakrale Rolle des japanischen Tennō bis in die Gegenwart hinein war dafür ein beredter Ausdruck.

Wo Religionen nicht so sehr in ihrer religiösen Haltung und ihren Vollzügen, sondern organisatorisch bedacht werden, stellt sich die Frage nach der Repräsentanz einer Religion. Sie wurde für den Shintō dahingehend gelöst, daß am Friedensgebet in Assisi der Präsident der Schrein-Shintō-Vereinigung Muneyoshi Tokugawa aus Tōkyō mit weiteren Vertretern teilnahm. Die Vereinigung, die nach dem Zusammenbruch des Staatsshintō im Februar 1946 gegründet wurde, faßt die überwiegende Mehrzahl von Shintōschreinen und Schreingruppen zu einer Körperschaft des öffentlichen Rechts zusammen. In ihrem Gebet erinnern die Japaner an den Namen jener Landschaft, von der her die irdische Geschichte des Shintō ihren Ausgang genommen haben soll und der als eine Bezeichnung Japans und seines Geistes auch heute noch im Raum steht: Yamato, der Große Friede.

Hindus: Der Hinduismus steht zunächst ganz allgemein für die Religiosität des indischen Subkontinents und seiner Bewohner. Erst wo sich im Laufe der Geschichte auch hier unterschiedliche Bewegungen ablösen bzw. miteinander zu konkurrieren beginnen, setzt sich der Hinduismus in Indien selbst von anderen religiösen Bewegungen ab, dem Parsismus, dem Jinismus und der Sikh-Religion, dem Christentum und dem Islam. Der Hinduismus hat aber dann in sich selbst Platz für so viele religiöse Wege, daß er inzwischen als ein Bündel von Religionen angesprochen wird. Alle Religiosität der Hindus bezieht sich auf die eine oder andere Weise auf jene ursprünglichen Offenbarungstexte, die als ein von Sehern vermitteltes Menschheitswissen – die Veden – in späterer Zeit niedergeschrieben worden sind. Auch hier ist die Rede von Gott und Göttern, von der menschlichen Beziehung zu ihnen, von der großen Ordnung, in der alles lebt und existiert und sich alles Verlangen der Menschen auf den verschiedenen Wegen, die sie gehen, trifft. Diese ewige Ordnung – *sanātana-dharma* – zu verwirklichen, wiederzufinden oder wiederherzustellen ist das Sinnen, das auch die meditativen Spekulationen der Inder durchzieht. Von ihr ist auch die Rede in den Gebeten, die Hindus für Assisi aus Texten der Upanishaden, der letzten großen Textgruppe der Veden, zusammengestellt haben.

Parsen: Noch in Indien anzutreffen ist eine kleine, etwa 100000–150000 Mitglieder starke Gruppe von Anhängern des Zarathustra (630–ca. 553), die sich nach dem alten persischen Herkunftsland Parsa Parsen nennen. Zarathustra war eine prophetische Gestalt, die den einen großen Gott und weisen Herrn Ahura Mazdā (Ōhrmazd) verkündete und von ihm her eine radikale Grenzlinie gegen alles Böse zog, das seinerseits in Angra Mainyu (Ahriman) seine personale Gestalt hatte. In den heiligen Schriften der Parsen, die wie auch die Sprache, in der sie abgefaßt sind, Avesta, der Grundtext, heißen, finden sich als älteste Texte die auf Zarathustra zurückgehenden Gāthās, religiöse Gesänge oder Verspredigten; sie sind innerhalb des Avesta Teil des Yasna, einer Sammlung von Texten, die sich auf die Verehrung des einen Gottes beziehen.

Jainas: In Indien zu Hause ist auch der etwa 1,5 Millionen Mitglieder zählende Jinismus (ausgesprochen: Dschinismus oder Dschainismus). Die Religion hat ihren Namen von dem Ehrentitel des Gründers Vardhamāna (nach jinistischer Tradition gestorben 527 v. Chr.), der Jīna, der Sieger, oder auch Mahāvīra, der große Held, genannt wurde. Vardhamāna war ein Zeitgenosse des Buddha. Wie dieser verkündete er – anders als die hinduistischen Brahmanen – eine asketisch-ethische Erlösungslehre, nach der der Jaina, der Anhänger des Jīna, durch strenge Beobachtung der Ahimsa, der Nicht-Tötung, Nicht-Schädigung und Verschonung aller Lebewesen, Befreiung aus den Fesseln des

Wiedergeburtskreislaufes erlangt. Selbstbeherrschung, Enthaltsamkeit und Loslösung sind Haltungen, die in letzter Radikalität nur im mönchischen Leben zu verwirklichen sind. Der in Assisi vorgetragene Text stammt aus den heiligen Schriften des Jinismus, den Anga, „Textgliedern", in denen Schüler des Gründers dessen Lehren und Worte festgehalten haben.

Sikhs: Sikh bezeichnet zugleich eine indische Religion, die auf Nānak (1469–1538) zurückgeht, wie auch jeden ihrer Anhänger. Nānak nannte seine Anhänger Sikhs, Schüler, Jünger. Die religiösen Anschauungen des Gründers rühren von seiner Begegnung mit dem Hinduismus und dem Islam her. Aus dem Islam übernahm er einen bilderlosen Monotheismus, den er konsequent nicht zuletzt gegen anthropomorphe und polytheistische Gottesvorstellungen des Hinduismus verkündete. Unter dem Mogulherrscher Akbar (1556–1605) wurde Amritsar mit seinem goldenen Tempel Harimandar der Mittelpunkt der Sikh-Religion. 1604 wurden auch die literarischen Werke der Nachfolger des Stifters und anderer bedeutender Heiliger zur heiligen Schrift der Sikh zusammengefaßt, die den Namen Granth, das Buch, oder Ādi-Granth, das ursprüngliche Buch, erhielt. Gopal Singh, der die Sikhs in Assisi vertrat, war lange Jahre im diplomatischen Dienst und ist einer der bedeutendsten Gegenwartsautoren Indiens. Sein hymnisches Jesusbuch ist unter dem Titel „Der Mensch, der niemals starb" von Maria Alberta Lücker ins Deutsche übersetzt und veröffentlicht worden.

Buddhisten: Die am stärksten in Assisi vertretene nichtchristliche Religion war der Buddhismus, jene im 6. vorchristlichen Jahrhundert in Indien durch den Buddha ausgelöste Bewegung, die in ihren verschiedenen Zweigen heute in aller Welt 200–300 Millionen Anhänger zählt. Freilich waren die Stammländer des Buddhismus, Indien und Ceylon, in Assisi nicht anwesend. Die Mehrzahl der Repräsentanten waren Anhänger des Großen Fahrzeugs, des Mahāyāna-Buddhismus, und kamen aus Japan. Das Kleine Fahrzeug, der Buddhismus der Alten, der Theravāda, war nur durch einen thailändischen Bikkhu vertreten. Der ranghöchste und bekannteste Buddhist war der Dalai-Lama, der seit seiner Vertreibung aus Tibet zu den eindrucksvollsten Missionaren des Buddhismus in der ganzen Welt zählt und unermüdlich für Gewaltlosigkeit und Frieden eintritt. Die übrigen Vertreter des Großen Fahrzeugs stammten aber bis auf einen Koreaner alle aus Japan. In ihnen spiegeln sich die Geschichte, Organisation und Bedeutsamkeit des heutigen japanischen Buddhismus wider. Wir entdecken in der offiziellen Anwesenheitsliste Vertreter der frühmittelalterlichen Kyōto-Schulen, des Tendai- und des Shingon-Buddhismus, sodann Vertreter des mittelalterlichen Kamakura-Buddhismus, Tetsuya Inoue vom ehrwürdigen Eiheiji, dem von Dōgen gegründeten Tempel der meditativen Sōtō-Zen-Schule, und Gidō Undō aus der amidistischen Jōdo-shin-shū, schließlich Nikkyō Niwano, einen der Gründer der neureligiösen buddhistischen Laienbewegung Risshōkōseikai, die in der Tradition der dritten Säule des Kamakura-Buddhismus, des Nichiren-Buddhismus, steht und seit dem Zweiten Vatikanischen Konzil sich immer wieder in Rom Gehör verschafft hat. Es ist nicht verwunderlich, daß der in Assisi verwandte meditative Text dem Mahāyāna-Buddhismus entnommen ist. Er geht auf Śāntideva, einen Autor des 8. nachchristlichen Jahrhunderts, zurück. Der Inder T. R. V. Murti sagt von ihm, daß seine Texte ihn an die Lektüre der „Nachfolge Christi" erinnern.

Bei der Nennung der in Assisi anwesenden Buddhisten fällt aber dann auch auf, daß nicht nur die chinesischen Buddhisten fehlten, sondern daß das große Reich der Mitte, China, in seinen religiösen Vertretern, den Konfuzianern und Taoisten und den anderen in China anzutreffenden religiösen Gruppen, überhaupt nicht vertreten war. Hier wird das Übergehen eines Viertels der Menschheit zugleich zu einer Provokation der übrigen Menschheit wie auch zu einem besonders intensiven Anliegen jedes Friedensgebetes.

Muslime: Der Islam, die bislang bedeutendste nachchristliche Weltreligion aus dem 7. Jahrhundert, stellte sich in den in Assisi anwesenden Repräsentanten nicht zuletzt als eine in der Dritten Welt wirksame Religion dar. Bei genauer Prüfung der Repräsentanz ist allerdings zu bemerken, daß die internationale Auswahl wesentlich auf die Weltkonferenz der Religionen für den Frieden zurückgeht. Aus ihr nahmen teil: drei Asiaten, vier Afrikaner, ein Türke, ein Araber und ein Italiener. Unter ihnen war auch der Pakistani Inamullah Khan, der Generalsekretär des Islamischen Weltkongresses. Unabhängig von den Vertretern der Weltkonferenz werden in der offiziellen Anwesenheitsliste von Assisi nur noch drei Marokkaner genannt. Man vermißt die Namen der klassischen islamischen Länder Arabiens, Ägypten, den Irak und Iran, Vertreter der Kriegsgebiete im nahöstlichen Raum, die Nennung der unterschiedlichen islamischen Gruppen, zumal die Schiiten. Das beweist zugleich, wie schwierig sich der Dialog mit dem Islam immer noch darstellt und wieviel an geschichtlichem Ballast noch ausgeräumt werden muß, damit Gemeinsamkeiten wirklich einmal sichtbar werden.

Juden: Bewußt an den Übergang von den nichtchristlichen Religionen zum Christentum stellen wir das Judentum. Einerseits ist es mehr als alle Religionen sonst unauflöslich mit dem Christentum in dessen Gründergestalt Jesus von Nazaret und der durch ihn in das Christentum eingebrachten Heiligen Schrift und religiösen Tradition verbunden. Andererseits wandern die Juden ohne Bejahung des christlichen Jesusverständnisses weiterhin auf dem Weg der

Verheißung des Bundes und in der Erwartung des messianischen Friedensreiches. Das Michawort von den „Pflugscharen aus Schwertern und Winzermessern aus Lanzen" verbindet dennoch Juden und Christen. Für das Judentum in aller Welt waren offizielle Vertreter der römischen Synagogengemeinde in Assisi anwesend.

Christen: Schließlich sind als Teilnehmer des Gebetstages von Assisi die Repräsentanten der großen christlichen Blöcke zu nennen. Die offizielle Liste führt an erster Stelle die orthodoxen Kirchen an, das Ökumenische Patriarchat von Konstantinopel, das Griechisch-Orthodoxe Patriarchat von Antiochien, die orthodoxen Kirchen Rußlands, Georgiens, Rumäniens, Bulgariens, der ČSSR und Finnlands, dann die Altorientalischen Kirchen, die Syrisch-Orthodoxe Kirche von Antiochien, von Indien, die Armenische Apostolische Kirche und die Assyrische Kirche des Orients, ferner die Utrechter Union mit den Altkatholiken, die Anglikaner, schließlich den Lutherischen Weltbund, die Weltallianz der Reformierten Kirchen, den Methodistischen Weltrat, die Disciples of Christ, die Baptistische Weltallianz, den Ökumenischen Weltrat der Kirchen, die Mennoniten, weitere Freikirchen, die Unitarier. Sie alle waren zumeist durch hochrangige Führungspersönlichkeiten in Assisi vertreten. Es seien für viele andere genannt der Vertreter des Ökumenischen Patriarchats, der orthodoxe Erzbischof von Thyatira und Großbritannien Methodios, der Metropolit von Kiew und Galič Filaret, der Primas der Anglikanischen Gemeinschaft, der Erzbischof von Canterbury Robert Runcie, der Präsident der Weltallianz der Reformierten Kirchen Allan Boesak, der Generalsekretär des Ökumenischen Weltrates der Kirchen Emilio Castro.

Bei der Auswahl der Vertreter der römisch-katholischen Kirche fällt die deutliche Betonung der Weltkirche auf. So befanden sich in der Begleitung des Papstes einmal die Präsidenten der regionalen Bischofskonferenzen Afrikas, Asiens, der beiden Amerikas, Europas, Italiens, sodann der Kardinalstaatssekretär Casaroli, der Präsident der Päpstlichen Kommission „Iustitia et Pax“, Kardinal Etchegaray, die Kardinäle Willebrands und Arinze als Präsidenten des Einheitssekretariats bzw. des Sekretariats für die Nichtchristen, schließlich einige wenige eigens eingeladene Bischöfe der Weltkirche, unter ihnen Kardinal Tomášek und Kardinal König, der aus Krankheitsgründen freilich nicht nach Assisi reisen konnte.

Nicht fehlen durften in Assisi die Generaloberen der verschiedenen franziskanischen Orden und Gemeinschaften. Assisi ist schließlich die Stadt des heiligen Franz, jenes christlichen Heiligen, der mehr als alle anderen in eine zerstrittene Welt hinein den Geist Christi als einen Geist des Friedens ausbuchstabiert hat und entsprechend in den verschiedensten Religionen als ein Symbol des Friedens angenommen worden ist.

In den „Fioretti“ des Heiligen von Assisi gibt es die eindrucksvolle Legende von dem wilden Wolf von Gubbio, die zeigt, wie für Franziskus alles Geschöpfliche geschwisterlich – Bruder und Schwester – war und damit der Umgang mit allem Geschöpflichen im Zeichen Christi nur Friede bedeuten konnte:

> Die Bürger von Gubbio lebten „in Furcht und Schrekken ... Alle gingen nur bewaffnet, wenn sie ihr Haus verließen, gerade, als wenn sie in den Kampf zögen. Zuletzt kamen die Leute der Stadt so weit, daß niemand es wagte, auszugehen ... Franz von Assisi jedoch beschloß, den Wolf aufzusuchen ... Er machte das Zeichen des Kreuzes und ging voller Zuversicht auf Gottes Hilfe mit seinen Gefährten durch die Gegend und ... schließlich allein dorthin, wo der Wolf hauste. Der Wolf rannte mit offenem Rachen auf Franziskus zu; doch als er sich näherte, machte Franziskus über ihn das Zeichen des

Kreuzes und sagte: ‚Komm her, Bruder Wolf, ich gebiete dir im Namen Christi, nimmer Böses zu tun, weder mir noch irgendeinem anderen!' ... Sobald Franziskus das Zeichen des Kreuzes gemacht hatte, schloß der fürchterliche Wolf den Rachen und hemmte seinen Lauf. Und als er den Befehl vernommen hatte, kam er sanftmütig wie ein Lamm heran und legte sich dem Franziskus zu Füßen nieder."

Die Legende geht dann weiter, daß Franziskus zwischen dem Wolf und der Stadt einen Friedensvertrag ausgehandelt habe mit dem Ergebnis, daß der Wolf selbst in der Stadt leben konnte, „von Haus zu Haus, von Tür zu Tür ging, ohne irgendwem ein Leid zuzufügen und ohne daß ihm ein Leid widerfuhr; er wurde liebevoll von allen gefüttert. Und wenn er durch den Ort von Haus zu Haus ging, bellte niemals ein Hund hinter ihm her."

Drei Orte, drei Zeiten

Für den Weltgebetstag in Assisi war der 27. Oktober 1986 bestimmt worden, mit Absicht ein Montag, da dieser Wochentag von keiner Religionsgemeinschaft als besonderer Tag des Gebetes bestimmt ist und folglich in der Wahl dieses Wochentages keine besondere Vorliebe zum Ausdruck kommt. Der Tag selbst war in drei Abschnitte eingeteilt, die ihren je eigenen Ort hatten.

Zeit I: Begrüßung in S. Maria degli Angeli: Der Weltgebetstag von Assisi begann am Fuße der Stadt dort, wo am 3. Oktober 1226 der heilige Franz in seiner geliebten Portiunkulakirche gestorben ist, in der gewaltigen Marienbasilika, die für jeden Assisipilger einen ersten Orientierungspunkt vor dem Aufstieg nach Assisi bildet. Um 9 Uhr begrüßte Papst Johannes Paul II. dort auf der Treppe der Basilika die Gäste. Er tat es als Hausherr, nicht so sehr als Vorsitzender des Gebetstreffens. Gemeinsam mit allen Gekommenen betrat er dann das Innere der Kirche. Nach der offiziellen Vorstellung folgte die erste Ansprache des Papstes.

In seiner kurzen Rede machte der Papst einmal klar, was in Assisi nicht beabsichtigt war, sodann, worum es allen gehen muß:

1. Es geht nicht um eine Friedenskonferenz mit dem Ziel der Diskussion und der Suche nach Aktionsplänen auf Weltebene.

2. Es geht nicht um die Schaffung eines religiösen Konsenses zwischen den Religionsgemeinschaften; dafür ist der Weg von den jeweiligen historischen und geistigen Ursprüngen bis zum Tag von Assisi immer noch zu weit.

3. Es geht um ein Zeichen der Verpflichtung vor aller Welt, sich für die Sache des Friedens zu engagieren und das auf religiöse Weise: in Schweigen, Wallfahrt und Fasten.

4. Es geht um Gebet, das aber in der Vielfalt, zu der die Vielfalt der Religionen fähig ist.

5. Es geht um eine Sammlung aller im Zeichen und in der Stadt des heiligen Franz, „der von so vielen in der Welt gekannt und geehrt wird als ein Symbol für Frieden, Versöhnung und Brüderlichkeit".

Die Eingangszeremonie war umrahmt von dem in griechischer Sprache, nach einer Melodie der Byzantinischen Kirche gesungenen Psalm 148 und dem in japanischer Sprache gesungenen Psalm 117 (116). Die kurze Sammlung diente damit zugleich der Einstimmung in den Vollzug des Schweigens, der Meditation und des Gebetes.

Zeit II: Gebet in Assisi an vielen Orten: Von Portiunkula aus begann die Wallfahrt nach Assisi und in Assisi. Jede Religion hatte ihren eigenen Ort in der Stadt, an dem ihre Vertreter sich zu ihrem je eigenen Gebets- oder Frömmigkeitsvollzug zusammenfanden.

Hierbei kam es offensichtlich bereits zu eigentümlichen Friedensvollzügen, wenn Hindus und Sikhs im selben Kirchenkomplex beteten oder Buddhisten und Shintoisten in der Abtei S. Pietro in Hörweite zueinander die Rezitation ihrer Gebetstexte auf ihren Musikinstrumenten begleiteten und daraus nicht Störung, sondern neue Harmonie erwuchs. Daß den Vertretern der Stammesreligionen besondere Aufmerksamkeit zuteil wurde, ist nicht verwunderlich, zumal ein Beschwörungsritual, wie es der Große Meister des Waldes Assenou aus Togo im Rathaussaal von Assisi vollzog, für viele Beobachter, zumal für angereiste Journalisten, mehr als ungewohnt und im wörtlichen Sinne des Wortes „unzeitgemäß“ war. Daß auf dem Altar von S. Pietro eine Buddhastatue aufgestellt wurde, war für manch einen Christen bei aller heute propagierten Toleranz doch auch immer noch ein Schock. Und doch – sollte nicht der Indianer John Pretty-on-the-Top recht haben, wenn er meinte: „Euer Gott, der für mich der Große Geist ist, ist nicht beleidigt, wenn er anders genannt wird, und erhört die Bitten aller“?

Die Christen vereinigten sich in S. Rufino, der Kathedrale von Assisi, zu ihrem gemeinsamen Gebet. Dieser Dom bildete in der Zeit des Franziskus gleichsam die Kulisse, als der Heilige seinen religiösen Weg der Armut und der Christusnachfolge antrat und andere Menschen der Stadt, darunter die junge Klara, für denselben Weg gewann. In diese Kirche ist aus der alten Kathedrale S. Maria Maggiore auch das Taufbecken übertragen worden, an dem Franziskus und Klara, aber auch der Staufer Friedrich II. getauft worden sind. Hier hielt der Papst seine zweite Ansprache an die „Führer und Vertreter der anderen christlichen Kirchen und Gemeinschaften“.

Die Christen sind vereint in dem Glauben, daß „Friede ein Geschenk Gottes in Jesus Christus ist“. Die Einladung zum Friedensgebet wird damit zugleich zu einem Signal, die Grenzen menschlicher Friedensbemühung zu erkennen. Der Papst weist aber dann darauf hin, daß die Kirche selbst berufen ist, „das wirksame Zeichen und Mittel der

Versöhnung und des Friedens für die Menschheitsfamilie zu sein". In diesem Sinne sieht er trotz aller Trennung, die es in der Christenheit noch gibt, in dem erreichten Grad von Einheit in Christus ein Zeichen für die Welt. Friede aber gibt es nicht ohne Umkehr und Reue. Schon in dieser Ansprache fordert der Papst die Christen auf, in das Gebet „Reue für unsere Versäumnisse als Christen" einzuschließen. Der Weg der christlichen Friedensbotschaft aber führt über Christus den Gekreuzigten, der auch da, wo er als Auferstandener sein „Friede sei mit euch" spricht, der an den Wundmalen zu Erkennende bleibt.

An dieser Stelle ist nun darauf aufmerksam zu machen, daß die Dokumentation des Weltgebetstags von Assisi den konkreten Gebetsvollzug der Zeit II in seiner Mannigfaltigkeit ausspart. Es gibt bislang kein genaues Protokoll der Abläufe in den verschiedenen Kirchen und an den Plätzen und Orten, an denen die Religionsvertreter unter sich waren. Vielleicht macht gerade der Ausfall dieser Dokumentation deutlich, daß ein rein folkloristischer Bericht über Assisi den Sinn des Tages notwendigerweise ebenso verfehlen muß wie der Versuch, den Tag von Assisi als religionsgeschichtliches Ereignis zu einem Studienobjekt zu machen. Das Verschweigen dessen, was in der Zeit II wirklich geschah, wird, wo es wahrgenommen wird, zu einer Einladung an jeden, dort, wo er lebt, Assisi nachzuvollziehen. Der Papst hat die Schwerpunkte genannt: in der Haltung des Gebetes den Weg, den wir gehen, als Wallfahrt zu gehen, im Schweigen – das meint: Hören und Nicht-Streiten – und im Fasten – das meint: Loslösung, Verzicht, Nicht-haben-Wollen, Selbst-Losigkeit.

Zeit III: San Francesco: Schweigend machte sich der Papst mit den anderen Führern und Vertretern der Kirchen und Religionen der Welt am Nachmittag auf den Weg nach S. Francesco, der Grabeskirche des Poverello von Assisi. Niemand, den es in die mittelalterliche Stadt Assisi zieht, wird es unterlassen, diese gewaltige Basilika im Nordwesten der Stadt aufzusuchen und hinabzusteigen in die Unterkirche, um am Grab des Heiligen zu verweilen. Seit 1232 ruhen die sterblichen Überreste des heiligen Franz hier. Erst in den nachfolgenden Jahren hat die von Künstlern wie Cimabue, Giotto und deren Schülern reichdekorierte, zur Meditation der Heiligen Schrift und des evangeliumsgemäßen Lebens des Heiligen von Assisi einladende Oberkirche den Gesamtkomplex von S. Francesco zu jenem Ort reifen lassen, der seither für unzählige Menschen zu einem Wallfahrtsort der Stille und des Gebetes geworden ist.

Bewußt muß auch hier die Abschlußveranstaltung des Weltgebetstags nicht in der Kirche, sondern auf dem großen Vorplatz mit der Basilika als Kulisse angesetzt worden sein. Wer in der Kirche am Grabe des Heiligen betete, tat es auf Grund eigener, persönlicher Entscheidung und zudem in der Stille seines Herzens. Die Basilika im Hintergrund konnte und sollte wohl nur als eine stille Einladung wirken.

Die Nachmittagsversammlung stand unter dem Motto „Zusammensein, um für den Frieden zu beten". Kardinal Roger Etchegaray, der Präsident der Päpstlichen Kommission „Iustitia et Pax" eröffnete das Zusammensein (vgl. S. 17f). Darauf traten die Vertreter der Religionen vor und sprachen ihre Gebete in Gegenwart aller anderen. Es war eine Weise gewählt worden, die niemanden kompromittierte. Man war zusammengekommen, um zu beten, doch betete man nicht zusammen, sondern nacheinander, doch so, daß jeder Zeuge des ernsthaften Tuns des anderen werden konnte.

Bleibt das Gebet der Zeit II gleichsam hinter einem Schleier des Schweigens verborgen, so sind die vor S. Francesco vorgetragenen Gebets- und Meditationstexte bekannt. Fragt man nach der Reihenfolge der Gebete, so fällt es schwer, eine bestimmte Absicht in der Aufreihung zu entdecken, außer daß wohl bewußt die Gebete der Juden und der Christen an das Ende gesetzt worden sind.

Am Anfang rezitierten *Buddhisten* ein Kapitel aus den „Lebensregeln für den Bodhisattva", jene Idealgestalt des Großen Fahrzeugs, die beim Erreichen der Erleuchtung nicht in radikaler Weltloslösung verharrt, sondern in mitleidender Barmherzigkeit sich erst recht der leidenden Kreatur zuwendet, um diese zu befreien und zur Einsicht der Erleuchtung zu führen. Von Gott ist hier keine Rede. Dennoch ist das Gespür für eine tragende Ordnung und eine alle Lebewesen bergende Wirklichkeit nicht zu übersehen. Wo andere Religionen „Gott" sagen, sehen Buddhisten sich zumindest in die Haltung eines offenen Herzens versetzt: „Mögen alle Geschöpfe, die in einem Leibe weilen, unaufhörlich den Klang des Dharma hören." Dharma ist das Tragende, das Gesetz, die Ordnung, das Einzusehende. Vor ihm verneigt sich der Buddhist wie vor Buddha und Sangha, der Gemeinschaft der Buddhajünger.

Hindus fällt es nicht schwer, Texte zu verwenden, die in einer Religionsversammlung, die überwiegend von Monotheisten bestimmt ist, eher auf Verständnis stoßen. Offensichtlich auch aus diesem Grunde haben Hindus Texte ausgewählt, die in ihrer monotheistischen Färbung von vielen anderen Anwesenden innerlich mitgebetet werden konnten. Wie bei den Buddhisten ist die Offenheit für die ganze Lebenswirklichkeit nicht zu übersehen. In der Begegnung mit ihr eröffnet sich für jeden, der mit offenen Sinnen lebt, ein Zugang zu den Verheißungen, die der Gott der Welt zuspricht.

Aus den Texten der *Jainas* spricht der Ernst einer ethischen Grundeinstellung, die, von Lehrern überkommen, zu Gleichmut, Versöhnung, Lebenserhaltung und Lebensschutz einlädt. Das Dharma wird hier als Gleichmut ausgelegt.

An die nächste Stelle wurde die Gebetsrezitation der *Muslime* gesetzt. Sie bestand aus drei Teilen: der stets am

Anfang rezitierten Eingangssure des Koran, der sogenannten Fatiha, sodann ausgewählten Surenversen, die die islamische Friedenshaltung begründen, schließlich der von allen Muslimen gemeinsam gesprochenen 112. Sure, der sogenannten Sure Al-Ichlas. Mit Juden und Christen gemeinsam wissen die Muslime den wahren Frieden in Gott, dem Schöpfer, Offenbarer und Richter, verankert.

Es folgten die Worte der *Shintoisten* und der *Sikhs,* die Gebete der *Afrikaner* und *Indianer.* Anders als die vorausgegangenen waren sie deutlicher auf das Gebetstreffen von Assisi hin formuliert. In diesem Sinne ist der shintoistische Text eher in die Gestalt eines öffentlich vorgetragenen Friedensstatements gekleidet, das in zwei knappen, von japanischen Kaisern verfaßten Friedensgedichten endet. Der Afrikaner betet für die Welt, sein Land, ausdrücklich aber auch um Frieden im Vatikan. Der Indianer bringt den Ritus der Friedenspfeife ein, wobei er den Großen Geist um seinen Segen für die Welt bittet.

Am Ende standen das *zoroastrische, jüdische* und *christliche* Friedensgebet. Bei den beiden letzten Gebeten erkennt man leicht die tiefen gemeinsamen Wurzeln. In gewissem Sinne gehen diese Gebete ineinander über. Das christliche Gebet klingt in seinem Einleitungsteil auf weiten Strecken alttestamentlich. In der Lesung der lukanischen Feldrede wird Jesus als Künder des Friedens vorgestellt, nachdem es zuvor schon hieß, daß er sein Leben für den Frieden hingegeben und „seinen Frieden" hinterlassen habe. Fürbitten und das Gebet des Herrn beschlossen den christlichen Gebetsteil.

Danach verteilten junge Menschen Olivenzweige. Sie sollten alle Anwesenden einladen, sich, wo immer sie leben und arbeiten, für den Frieden einzusetzen und ihr Leben der Überwindung von Ungerechtigkeit und Haß, Gewalt und Spaltung zu weihen. Tauben wurden am Ende freigelassen, die aller Welt die Friedensbotschaft von Assisi künden sollten.

Päpstliches Friedenswort nach Assisi

Eingebettet zwischen die abschließenden Friedensgesten und -symbole, folgte die dritte Ansprache Johannes Pauls II. Wir können sie das Friedenswort des Papstes von Assisi nennen. In ihm gibt der Papst seine eigene Zurückhaltung auf und legt er vor aller Öffentlichkeit sein Bekenntnis ab „als Bruder und Freund, aber auch als einer, der an Jesus Christus und an die katholische Kirche glaubt und der erste Zeuge des Glaubens an ihn ist".

Aus seiner Bindung an Jesus Christus, der „Friede den Fernen und Friede den Nahen" ist (Nr. 1), bezeugt der Papst seinen Respekt vor allen, die an Christus glauben, wie auch vor der Stimme des Gewissens, die alle lehrt, „die Wahrheit zu suchen, die einzelnen und die Völker zu lieben und ihnen zu dienen und deshalb unter den einzelnen Menschen und unter den Nationen Frieden zu stiften" (Nr. 2). Sprachlich begibt sich der Papst selbst gleichsam an die Seite all derer, die sich auf der Wanderschaft befinden und nach dem gemeinsamen Grund alles Lebens suchen, wenn er in Frageform und unter Berufung auf den allen Menschen gemeinsamen Ursprung zum Gehorsam gegenüber dem Gewissen und zu einer gemeinsamen Bemühung um „die Lösung dieser dramatischen Herausforderung unserer Zeit: wahrer Friede oder katastrophaler Krieg" einlädt.

Im Blick auf das alle Menschen verpflichtende Gewissen appelliert der Papst gleichsam an allen religiösen Differenzen vorbei an die Angehörigen aller Religionen, sich der dreifachen Lebensproblematik zu stellen: dem Problem einer angemessenen Qualität des Lebens für alle, dem Problem des Überlebens für die Menschen und dem Problem von Leben und Tod überhaupt (Nr. 4). Am Anfang aller Friedensbemühung stehen daher für ihn die Achtung, der Schutz und die Förderung des menschlichen Lebens vom Mutterschoß bis zum Tod, der Einsatz für den einzelnen und die Völker, zumal die Schwachen, Notleidenden und Verlassenen – das alles aber im Wissen darum, daß der dauerhafte Friede seine Verankerung zu finden hat „in jener Wirklichkeit, die über uns allen ist". Auch wenn die Beziehung zwischen jener Wirklichkeit und dem Geschenk des Friedens entsprechend den jeweiligen religiösen Überzeugungen unterschiedlich ausgelegt wird, so setzt der Papst doch die gemeinsame Überzeugung aller voraus, „daß es solch eine Beziehung gibt". Für sich selbst fügt er dann als seine Überzeugung an: „Friede trägt den Namen Jesu Christi."

Das Bekenntnis zu einem Frieden, der den Namen Jesu Christi trägt, verlangt nach den Worten des Papstes aber dann auch das Eingeständnis der Schuld (Nr. 5). Ohne Einschränkungen bekennt daher der, der sich zuvor als den „ersten Zeugen des Glaubens" bezeichnet hat, für die katholische Kirche: „Zur selben Zeit und im selben Atemzug bin ich bereit anzuerkennen, daß Katholiken nicht immer treu zu dieser Glaubensaussage gestanden haben. Wir sind nicht immer ‚Friedensstifter' gewesen." Folglich war für ihn der Gebetstag von Assisi ein Tag der Buße, des Fastens und des Schweigens, aber auch des Schweigend-Einhergehens. Assisi ist ihm eine Übung des gemeinsamen Gehens. Von neuem erscheinen hier die Anfangsmotive: Gebet in Schweigen, Fasten und Wallfahrt.

Aus der Mitte religiöser Verankerung heraus erwächst dann neu die Friedensaktion. Hier sagt der Papst, daß der Friede auf seine Propheten wartet (Nr. 7). Er spricht von Friedensvisionen, die Kräfte freisetzen „für eine neue Sprache des Friedens, für neue Gesten des Friedens, Gesten, welche die verhängnisvollen Ketten der Entzweiungen zerbrechen, die von der Geschichte ererbt oder durch moderne Ideologien geschmiedet worden sind". Der Friede ist „eine Werkstatt, die allen offensteht", erbaut auf den Säulen der Wahrheit, Gerechtigkeit und Liebe. In dieser Werkstatt müssen alle in universaler Verantwortung tätig sein. Erstaunlich ist, wenn der Papst gleichsam gegen die älteren Generationen an die Jugend appelliert: „Mögen die jungen Menschen helfen, den Lauf der Geschichte von den falschen Pfaden zu befreien, auf denen sich die Menschheit verirrt." Hier wird jungen Menschen eine Einsichtigkeit zuerkannt, die ihnen nicht selten abgesprochen wird. Schließlich wendet sich der Papst an die Völker, die nationalen und die internationalen Gremien, auch an die Vereinten Nationen. Er erneuert seine Hoffnung, daß wenigstens an diesem Tag des Gebetes die Waffen in der Welt schweigen.

Natürlicherweise fällt am Ende der Blick auf die Heiligen von Assisi. Es sind nun zwei, ein Mann und eine Frau, Franziskus und Klara. Der Friedenseinsatz erfordert den Einsatz von Männern und Frauen. Das Friedenswort des Papstes von Assisi schließt mit dem Friedensgebet des heiligen Franz: „Herr, mach mich zu einem Werkzeug deines Friedens."

Damit war der Weltgebetstag von Assisi zu Ende. Es folgte ein sehr einfaches „Fastenbrechen" – englisch gesagt: ein „breakfast" am Abend – im Franziskanerkloster mit Brot, Pizza, etwas Gemüse, Tee und Wasser, jedoch ohne Wein. Von diesem Ausklang gibt es einen kleinen Bericht des Generalobern der Konventualen P. Lanfranco Serrini. Er erzählt: „Wir waren alle sehr müde. Der kalte Wind war schneidend. Ich sah den fast 90jährigen Kardinal Tomášek, der die Härte ertrug wie das Holz des Kreuzes. In Assisi fühle ich mich ein wenig wie der Hausherr, die Basilika S. Francesco und der Sacro Convento gehören unserem Orden. Ich überlegte, wie dieser historische Tag verlaufen war. Es kam mir in den Sinn, wie dieser Tag auf das Wesentliche entblößt war. Ich dachte an die Umarmungen all der religiösen Menschen, absolut in ihrer Einheit und absolut in der Unterscheidung ihrer Identität. Und ich dachte an Franziskus, an die Nacktheit seines Grabes. Nun mußten wir uns nochmals begrüßen, ein einfaches Mahl im Stehen, eine Tasse warmen Tee – das schien der letzte Akt zu sein. Doch statt dessen ereignete sich noch etwas. Es war gegen sechs Uhr, der Wind blies, es war schon dunkel. Der Heilige Vater war sehr müde, doch er ging nicht. Er bat mich, sich in die Krypta des heiligen Franz begeben zu können, die Kirche war verlassen, nur zu ganz wenigen begleiteten wir ihn dorthin. Es vergingen zehn Minuten in völligem Schweigen, Johannes Paul II. auf seinen Knien am Grabe des heiligen Franz. Der Tag des 27. Oktober 1986 begann mit Franziskus in Portiunkula, er endete mit Petrus, der Christus betrachtete. Denn das ist Franziskus: aus Liebe entblößt sein, einzig in der Nachfolge Christi, durchsichtig auf Ihn hin."

Ausblicke nach Assisi

Am Ende kann es keine Bewertung des Geschehens von Assisi geben. Denn das Gebet entzieht sich der Bewertung. Wohl lassen sich einige Überlegungen insofern anschließen, als alle Beteiligten von Assisi in ihre Städte und Länder heimgekehrt sind. Dort, in der alten Lebenswelt, aber stellt sich die Frage, was Gebet, Schweigen, Fasten, Wallfahrt bedeuten. In gewissem Sinne ist gleichsam nach der Rückseite dieser vier tragenden Momente von Assisi zu fragen. Die Rückseite des Gebetes ist die menschliche Aktion, die des Schweigens das Reden, die des Fastens der Umgang mit den Dingen, die der Wallfahrt die Verfolgung des Zieles. Etwas willkürlich und skizzenhaft lassen sich daraus noch einige Ausblicke nach Assisi formulieren.

Friedensgebet – Friedenstat: Die Eucharistiefeier entläßt ihre Teilnehmer mit dem Friedenswunsch: „Gehet hin in Frieden!" Auf das Friedensgebet folgt die Friedenstat. Sie aber hat es mit der Welt, der Natur und den Menschen zu tun. Sie ist keine Sache der Innerlichkeit allein, sondern hat notwendig eine gesellschaftlich-politische Seite. Sie hat es mit den Differenzen und Antagonismen der Systeme, der politischen und wirtschaftlichen, der Rassen und Klassen, der Kulturen und Religionen zu tun.

Ein Innen und Außen gibt es auch in der Kirche. Die Forderung an das Außen der Kirche muß auch für das Innen der Kirche gelten. Gibt es nicht gerade zwischen Christen auch der eigenen Konfession oft zuviel Streit und Gehässigkeit? Auch der entschiedenste Einsatz für die Wahrheit erlaubt nicht den Einsatz jeder beliebigen Lieblosigkeit. Warum ist die Ethik der Macht in der Kirche so wenig ausgebildet? Zu zahlreich sind in der Geschichte der Kirche die Fälle, für die im nachhinein feststeht, daß einem Andersdenkenden und -formulierenden nicht die erforderliche Gerechtigkeit zuteil geworden ist. Es ist längst an der Zeit, daß Auseinandersetzungen in der Kirche, auch in Wahrheitsfragen, in einer Weise ausgetragen werden, daß die Wahrheit des Evangeliums nicht dadurch desavouiert wird, daß man ihr mit gleichsam weltlichen Mitteln der Machtausübung Recht zu verschaffen sucht. Die Macht des Evangeliums bedarf keiner anderen Durchsetzungsmacht als der Macht des Gekreuzigten.

Gegen diejenigen, die in diesen Tagen das Friedensgebet von Assisi als synkretistisch ablehnen und die Initiative des Papstes aus diesem Grunde glauben ablehnen zu sollen, ist zu sagen, daß religiöse Vollzüge nicht mit theologischen Reflexionen verwechselt werden dürfen. In souveräner Weise hat der Papst in der Praxis eine Konsenseinübung vorgestellt, die in dieser Weise epochemachend genannt werden darf. Was zuvor bereits erwähnt wurde, ist hier nochmals zu wiederholen: Die Teilnehmer von Assisi begegneten sich „absolut in ihrer Einheit und absolut in der Unterscheidung ihrer Identität“, wie Lanfranco Serrini es formulierte. Das aber heißt: Es gibt eine Erfahrung der Einheit, die nicht die Überwindung des Andersseins zur Voraussetzung hat. Es gibt eine Annahme des anderen in Gott, die nicht zugleich über sein Anderssein verfügt. Nochmals anders formuliert: Es gibt eine Einladung zur Gottesbegegnung, die den einzelnen ihn selbst sein läßt vor Gott und zugleich die Freiheit Gottes jedem einzelnen gegenüber anerkennt. Das aber ist christlich gesehen und gesagt im Blick auf Jesus Christus. Was der Satz des Papstes: „Friede trägt den Namen Jesu Christi" christlich bedeutet, wird eine christliche Theologie des Friedens in Zukunft erst voll ausschöpfen müssen.

Schweigen – Reden: Die Betonung des Schweigens in Assisi sagt: Vor alle Friedensforschung gehört die Einsicht, daß der von Menschen gemachte Friede sich weithin in Strategien der Streit- und Konfliktverhinderung, in der Vermeidung von Kriegen durch die Verringerung von Kriegsgefahren erschöpft. Friede aber – darin sind sich alle Religionen einig – besagt mehr. Erst wo der Friede in der tragenden Wirklichkeit aller Dinge, christlich gesagt: in Gott gegründet ist, läßt er uns die Angst überwinden und macht er frei. In diesem Sinne erwächst auch das Friedensgespräch aus dem Friedensgebet.

Nun ist die Sprache dasjenige, was Menschen sowohl eint wie trennt. Sie ist das Mittel der Versöhnung, aber auch des Streites und der Auseinandersetzung. Sie eröffnet neue Sichten, neue Wege, unterscheidet aber auch, schneidet ab und betont das eigene Recht. Hier stellt sich die Frage nach dem Verständnis von Dialog.

Daß die Kirche vor allem seit dem Zweiten Vatikanischen Konzil in so starkem Maße den Dialog betont, ist mehr denn je zu begrüßen, auch wenn er nach wie vor vielfach mit Argwohn betrachtet wird. Die einen befürchten, der Dialog sei nur eine zeitgemäßere Methode der Rechthaberei. Andere wittern in ihm im Gegenteil den Verkauf der eigenen Identität und darum Verrat. Verdächtig ist in der Tat, wenn Dialog einfachhin zum neuen Namen für Mission wird und die Unverbindlichkeit und Beliebigkeit an die Stelle eigener Bindung und Treue tritt. Gerade das Friedensgebet von Assisi kann lehren, daß der wahre Dialog sich nur dort einstellt, wo er der Gründung im eigenen religiösen Vollzug erwächst und Gesehenes und Gehörtes zur Sprache kommt. Eine Theologie, die nicht dem Sprechen Gottes entspringt, wird niemals Gott zur Sprache bringen. Analoges gilt für alle Religionen.

Wo Religionsvertreter vom Frieden reden, ist heute aber auch zu fragen, wieweit sie den Worten des Papstes gerecht werden: „Der Friede wartet auf seine Propheten. Wir haben gemeinsam unsere Augen mit Friedensvisionen gefüllt: sie setzen Kräfte frei für eine neue Sprache des Friedens." Hier muß die Frage erlaubt sein: Ist die Auslegung des christlichen Friedensverständnisses aufs ganze nicht zu sehr an den – dort berechtigten – realpolitischen Friedensvorstellungen von Politikern und zu wenig an den prophetischen Friedensvisionen orientiert? Muß eine christliche Friedensverkündigung wirklich vorrangig der Bestätigung von politischen Friedensstrategien dienen, oder müßte sie – nicht nur zu Weihnachten – nicht stärker die Bemühung um die Realisierung der im Gottesglauben gründenden Friedenshoffnung fordern? Wenn der Papst sagt: „Wir vertrauen die Sache des Friedens besonders der Jugend an", so müßte das sicher zur Folge haben, daß Jugendliche mit ihren Friedensidealen und Friedensträumen nicht mehr leichtfertig an den Rand des gesellschaftlichen und auch des kirchlichen Lebens abgedrängt werden.

Ein Wort muß noch über den Friedensdialog der Religionen angefügt werden. Assisi lehrt, daß jeder Religionsdialog, der nicht aus der schweigenden Begegnung mit dem Grund allen Seins kommt, oberflächlich und unverbindlich bleibt. Erst wo Vertreter der Religionen aus der Tiefe ihrer Gottes- bzw. Transzendenzerfahrung aufeinander zugehen, kommt ein ernsthafter Dialog der Religionen zustande. Daß hier in den letzten Jahrzehnten ein entschiedenes Umdenken eingesetzt hat, müßte spätestens seit der Enzyklika Pauls VI. „Ecclesiam suam" und den Aussagen der Kirchenkonstitution „Lumen gentium" Nr. 16 klar sein. Denn seither steht christlich der Leitgedanke im Raum, daß es eine Hinordnung und „Kon-Zentration“ der Menschheit auf den hin gibt, der sich bei jedem in der Stimme des Gewissens Zugang verschafft, nach dem Glauben der Christenheit aber der Menschheit im menschlichen Antlitz Jesu Christi begegnet und ihr in ihm unverlierbar und unüberbietbar nahe ist: GOTT.

Assisi zeigt aber auch, daß die Frage, wer jeweils für eine Religion spricht, noch nicht wirklich gelöst ist. Im Augenblick erscheint die Repräsentanz einerseits noch etwas zufällig, andererseits noch zu wenig vom Selbstverständnis der jeweiligen Religionen her bestimmt. Die Problematik wird deutlich, wenn man sowohl auf die achtet, die fehlen, wie auf diejenigen, die sich offensichtlich ungebührlich aufdrängen. Jedenfalls erfordert die Frage der Gesprächspartner, die in der innerchristlichen Ökumene mit viel Vorsicht angegangen worden ist, in der Ökumene der Weltreligionen keine geringere Diskretion.

Verzichten – Haben: Fasten steht zunächst für Verzichten. Assisi fordert mit der Gestalt seines Heiligen erneut zur Armut heraus. Armut, Entblößtsein, Nacktsein mit dem nackten Christus am Kreuz sind Bilder, die gerade in dieser Stadt sich immer wieder neu einprägen. Die Radikalität des Verzichtes erfährt aber ihre Nagelprobe am Umgang der Menschen mit den Dingen der Welt. Ihr stehen dann die vielfältigen Weisen des Haben- und Gelten-Wollens, die vielen Formen von Begierlichkeit entgegen, die von den materiellen Reichtümern bis zu den subtilsten Gestalten der geistlichen Erfahrungen reichen.

Die geistlichen Führer der Religionen sind dieser Frage vorwiegend auf zweifache Weise begegnet. Einmal waren sie Lehrer einer radikalen Loslösung: Loslösung vom Besitz der Dinge, Loslösung von der Anhänglichkeit an jedes menschliche Du, Verleugnung und damit Loslösung vom eigenen Ich. Obwohl diese Haltungen sich christlich in den tragenden Idealen der Ordensgemeinschaften erhalten haben, prägen sie sich dem abendländischen Menschen heute vor allem durch den Einfluß der großen indischen Traditionen des Hinduismus und Buddhismus ein. Weil aber auch derjenige, der sich radikal lösen und – in heutiger Sprache gesagt – „aussteigen" will, dennoch, solange er lebt, *in* und *von* dieser Welt lebt, waren die geistlichen Lehrer in der Regel auch Lehrer des Umgangs mit dieser Welt. Was Paulus im Ersten Korintherbrief im eschatologischen Erwartungshorizont seiner Zeit auf die Formel „Haben, als hätten wir nicht" gebracht hat, klingt auf die eine oder andere Weise wie ein Refrain durch alle Religionen.

Nun haben es Krieg, Streit und jegliche Form von Unfrieden damit zu tun, daß Menschen, Menschengruppen oder ganze Völker haben möchten, was ihnen tatsächlich oder vermeintlich zusteht, oder aber damit, daß sie ihren Besitzstand sichern und schützen wollen. Sie wollen recht bekommen oder recht behalten. Hier ist es Aufgabe der Religionen, das Gewissen der Menschen zu schärfen und angesichts der Ordnung der Dinge in die Unterscheidung und damit in den rechten Gebrauch der Dinge einzuüben.

Der Unfriede in der Welt geht aber dann vielfach darauf zurück, daß Menschen aneinander und an der Schöpfung schuldig geworden sind. Es gibt die himmelschreiende Armut, die Menschen, Menschengruppen und Völkern das vorenthält, was sie zum Leben brauchen und sie menschenwürdig leben läßt. Es gibt einen räuberischen Umgang mit der Erde, der inzwischen die gespenstischen Umrisse möglicher Selbstzerstörung unserer Lebenswelt angenommen hat. Angesichts dieser Situation kann die Einladung zum Ausstieg und zur äußeren und inneren Emigration als Lösungsvorschlag zu billig sein. Ohne der falschen Alternative des Entweder-Oder zu verfallen, müssen daher von den Religionen in großer Wachheit im Horizont der eschatologischen Friedensvisionen ethische Verhaltensimpulse im Hinblick auf das Haben, den Gebrauch und die Benutzung der Dinge vorgetragen werden. Die Religionen müssen darin immer neu Anwälte der Habenichtse gegen die Besitzenden, der Ohnmächtigen gegen die Mächtigen, der Unterdrückten gegen alle Unterdrücker sein. Sie tun dies um so überzeugender, wo sie die wahre Ordnung der Dinge verkünden, in der die ganze Schöpfung bekennt, daß sie sich einem Schöpfergott verdankt, vor dem alles Geschöpfliche im Sinne des „Sonnengesangs" des heiligen Franz geschwisterlich ist.

Wallfahrt – Ziel: Der Tag von Assisi war ein Wallfahrtstag. Damit hob er ins Bewußtsein, daß alle Menschen unterwegs sind. Auch Religionen verstehen sich als Wege. Oft genug löst aber auch die Frage nach dem rechten Weg Streit aus. Die Erfahrung von Weggabelungen lehrt das, weil sich an ihnen nicht nur Wege treffen und kreuzen, sondern auch in unterschiedliche Richtungen auseinanderführen. Menschlich ist die Gemeinsamkeit auf dem Wege oft bereits eine große Hilfe. Dennoch wird sie erst dort zur wirklichen Hilfe, wo das Ziel des Weges klar ist.

Nun gibt es keine Wallfahrt, die nicht ans Ziel führt. Tatsächlich impliziert die Frage nach dem Weg in der Regel auch, daß das Ziel bekannt ist. Dennoch fragen Menschen heute in großer Zahl nach dem Sinn und Ziel ihres Lebens, aber auch nach dem Sinn und Ziel der ganzen Geschichte. Vielfach ist die Antwort auf diese Frage vage. Angesichts der Vielzahl der Religionen heißt es: Viele Wege führen nach Rom, auf den Gipfel des Fuji oder auch auf den heiligen Berg Jerusalem. In gewissem Sinne ist diese Sicht der Dinge so falsch nicht. Man braucht sich nur an das Bild von der Völkerwallfahrt zum Berge Zion beim Propheten Jesaja zu erinnern (vgl. Kap. 2). Freilich findet dieses gewaltige Bild seine Fortsetzung im Gegenbild der Geheimen Offenbarung, in dem das neue Jerusalem von Gott aus dem Himmel herabkommt und die Stimme ruft: „Seht, die Wohnung Gottes unter den Menschen!" (Kap. 21). – Hinweis auf die neue Botschaft vom Kommen Gottes zu den Menschen in seiner Menschwerdung.

Die Frage kehrt aber dann hier wieder: Ist nicht jede Religion, wo nach dem Sinn und Ziel von allem gefragt wird, aufgefordert, so weit Antwort zu geben, wie sie kann? Das Verschweigen der Botschaft, die jede Religion besitzt, darf nicht mit der Verankerung allen religiösen Redens im Schweigen verwechselt werden. Analog gilt für alle Religionen das Pauluswort: „Weh mir, wenn ich das Evangelium nicht verkünde!" (1 Kor 9,16).

Dem Christentum bleibt die Aufgabe, „demütig" – wie der Papst in Assisi gesagt hat – die Botschaft von der Herrschaft Gottes, die im Kreuze Jesu Christi offenbar geworden ist, zu verkünden. Es wäre folglich ein grobes Mißverständnis, wenn um eines faulen Friedens und eines menschlichen Kompromisses – auch zwischen den Religionen – willen die Botschaft des Evangeliums verschwiegen würde (Lk 12,49f.).

An dieser Stelle haben wir von einer anderen Seite her noch einmal jenen Punkt erreicht, von woher es zu einer Einübung der *gemeinsamen Wegsuche* in Treue zum Wort Gottes *und* im Respekt vor der Andersheit des anderen und seines Umgangs mit dem Göttlichen kommen muß. Der Gebetstag von Assisi, an dem Vertreter der Religionen zusammen waren, um alle auf ihre Weise Gott zu ehren und seinen Frieden zu erbitten, wird hier zu einem wegweisenden Zeichen in die Zukunft, das zurückwirken sollte auf alle menschlichen Verhältnisse, die nach Gerechtigkeit und Freiheit, Wahrheit und Frieden rufen.

„Pax et bonum": Die Brüder und Schwestern der franziskanischen Gemeinschaften kennen einen gemeinsamen Gruß und Wunsch: „Pax et bonum – Frieden und Güte". Zur christlichen Friedensbotschaft gehört wesentlich im Blick auf Jesus Christus und die Menschen in seiner Nachfolge,

daß Friede auf Erden bei den Menschen göttlichen Wohlgefallens (Lk 2,14) zunächst zur Sache dieser Menschen selbst wird. Wo der Menschen Herzen begierig und mißgünstig, haßerfüllt und friedlos sind, nützen auch die besten Sicherheits- und Waffensysteme nichts. Angesichts der anonymen Gesellschaftsformationen unserer Zeit und der scheinbaren Ohnmacht der Menschen in den Labyrinthen heutiger gesellschaftlicher Strukturen und Verflechtungen bleibt der Appell des Franz von Assisi an die „Kleinen" – „Fratres et Sorores Minores – die kleineren Brüder und Schwestern" – gültig, vertrauensvoll den Gang mitten durch die feindlichen Lager zu wagen. Nur Vertrauen und Mut haben die Chance, die Ketten des Unfriedens zu zerbrechen. Die Welt lebt, wenn sie überlebt, aus der Vision des Friedens, den die Menschen schaffen, wenn sie ihn im Blick auf den Gott allen Friedens wagen.